近代日本の社会と交通

【……………… 1 ………………】

横浜開港と交通の近代化

西川武臣

日本経済評論社

はじめに

　本書は、近代的な交通手段が整備される過程を考察したものである。具体的には、江戸時代後期から一八八〇年代初頭の交通手段の「近代化」を取り上げている。日本において、交通手段が「近代化」するきっかけとなったのは、一八五九（安政六）年の開港であり、これ以後、交通や流通を取り巻く状況は急激に変化した。この時期、日本は、独立をまっとうできる権力と経済力を作り出す必要に迫られていた。そのため、幕府や政府は、国内に入り込む外国資本を排除して、自立的な経済を建設することを目的に、積極的な殖産興業政策を推し進めた。また、そうした状況下で、産業を支える交通・流通に関するインフラストラクチュアの整備がおこなわれた。

　近代的な交通手段が、最初に整備されたのは横浜であった。これは、横浜が首都である江戸（東京）の「外港」的な港として位置づけられたためであった。首都と横浜は密接な関係を持ち、さまざまな交通手段で結ばれた。また、この都市は、開港後、日本最大の貿易港となり、貿易品の生産地との交通手段の「近代化」が急速に進められた。さらに、この都市は、世界と日本を結ぶ窓口としての機能を果たし、世界の情報を日本に、日本の情報を世界に発信する基地となった。

　こうした交通手段の整備は、横浜開港直後から始まり、現在まで続いている。本書が対象とした時期以降も交通手段の整備は着々と進み、一九世紀の終わりには大桟橋が完成するなど港湾の整備がおこなわれた。また、この間、横浜を起点とする鉄道網の整備も進んだ。第二次世界大戦後は、横浜市域の住宅地化が進み、それにともない私鉄網の整備がおこなわれた。最近では二〇〇四年に渋谷と横浜中華街が「みなとみらい線」の開通によって一本の鉄道で結ばれ、東京と開港場であった地域は、わずか三五分で往き来できるようになった。

ところで、横浜を中心とする地域で、旧来からの交通・運輸のあり方が変わり始めたのは、一八四〇年代のことであった。この頃、幕府は相次ぐ黒船の来航から首都を防衛するため、東京湾の各地に台場を建設していたが、建設工事に際し、東京湾内の湊に船籍を持つ多くの漁船や荷物運搬船が徴発された。これらの船には、幕府から建設資材運搬に対する運賃が支払われたが、これにより東京湾沿岸地域は、台場建設にともなう特需に沸くことになった。また、一八五九年の横浜開港にともなう開港場建設や一八六五（慶応元）年に始まった横須賀製鉄所（のちの横須賀海軍工廠）の建設にも東京湾沿岸地域の船が使用され、この地域の運輸業は大いに隆盛した。さらに、横浜開港後、「国際化」にともなう経済の活性化は一層進み、船の所有者の中には、貿易品の国内輸送に従事する者もあらわれるようになった。

一方、開港後の横浜には日本各地から人々が移住し、横浜村と呼ばれた半農半漁の村は短期間の内に、全国各地の人々が交流する都市になった。また、横浜の都市化にともない、横浜を起点とする交通網の整備が進められ、この町は、海上交通や陸上交通の拠点になった。開港に先立ち、横浜では東海道と横浜を結ぶ道の整備がおこなわれ、「横浜道」と呼ばれる新道が建設された。また、横浜の対岸に位置する神奈川宿からは、横浜に向かう渡船が設けられた。こうして横浜は、当時の「一級国道」である東海道と直結することになった。

また、輸出品の生産地からは、さまざまなルートを経由して貿易品が横浜に出荷された。たとえば、群馬県からは利根川を利用して大量の生糸が横浜に送られた。江戸時代の利根川は、上州（群馬県）と江戸とを結ぶ物資流通の「道」であったが、開港後、こうした流通経路が貿易の「道」として再整備された。こうしたことは各地でおこなわれ、江戸時代以来の流通経路が、横浜を支える「道」になった。こうして、横浜と首都、さらには貿易品の生産地などを結ぶ「道」が形成された。

ところで、横浜と各地を結ぶ「道」では、明治維新後、交通手段が次々に近代化された。特に、首都と横浜を結ぶ交通手段は、短期間に大きな変貌を遂げた。たとえば、東海道では、明治初年に宿駅制度や助郷制度が廃止され、新しく「陸運会社」が発足したが、横浜においても、こうした会社が運輸を担うことになった。また、横浜からの手紙を運んだ飛脚は、国が経営する郵便に変わった。さらに、この時期に、人力車や馬車が登場し、最終的には鉄道が首都と横浜を結ぶことになった。一方、海上交通では、蒸気船が利用されるようになり、首都と横浜とを結ぶ航路にも蒸気船が就航した。また、各開港場を結ぶ航路には、一八七〇年代後半から、外国の運輸会社に代わって日本の企業が進出した。

本書では、以上のような交通手段の変遷を具体的に明らかにするが、交通手段の整備過程だけでなく、横浜の都市化や流通のあり方や情報化社会の進展についても言及する。これは、これらの問題が、交通手段の再編や近代化と密接な関係があり、都市化の進展や流通の拡大、情報化の進展によって、交通手段が一層整備されることが多かったからである。また、本書では、交通手段が近代化する以前の江戸時代の状況についても言及している。これは、横浜に開港場が設置された前提に、この地域が一定程度の経済発展を遂げていたことがあるからで、交通手段の近代化も、そうした基盤の上に成立しているからである。一方、交通手段の近代化にかかわる政策については、近代化が政府主導で実施された面が強いにもかかわらず、本書ではほとんど触れることができなかった。この点については、シリーズの別の執筆者に委ねたいと思う。また、本書では、近代的な交通手段が最初に登場した横浜を中心に記述したため、全国的な問題には触れていない。この点についても、お許しいただきたい。

以上、本書の課題と視点について述べたが、本書のテーマに関する研究史は数多い。特に、近年、鉄道史・海運史・河川交通史、さらには情報・通信についての研究も増加している。本書では、こうした先行研究を参考にしながら叙述を進めていきたい。また、横浜を経済的に支えた産業である蚕糸業や紡績業についても多くの先行研究があり、これらの研究からも多くを学ばせていただいた。ここで数多い先行研究をひとつ一つ上げることはしないが、それぞれの研究については各章で紹介し、参考文献については巻末にまとめて掲載することにした。なお、本書には現在では使用されていない古い地名が多く出てくるが、参考のため現行の地名を（　）で付している。

目次

第1章　江戸時代の神奈川と横浜

第一節　横浜開港の前史として

一　神奈川湊の伝統

一八五九（安政六）年の開港後、横浜は、日本有数の交通の拠点になった。しかし、横浜から数キロメートル離れた地点に位置した神奈川宿が、それ以前から地域経済の拠点として機能していたことは案外知られていない。この宿場には江戸時代の「一級国道」である東海道が貫通し、海岸部には千石船と呼ばれる「弁財船」が入津する大きな湊があった。また、東海道に沿って一〇〇〇軒以上の家が軒を並べ、その中には遠隔地と米・雑穀・酒などを取引するような大きな商人が存在した。さらに、この湊では、さまざまな物資が江戸や房総半島との間で出入りし、この宿場は東京湾沿岸地帯を代表する町として知られていた。

一般に、横浜開港は、幕府によって準備され、横浜という都市も幕府の都市計画に基づいて、なにもない場所に建設されたといわれている。しかし、横浜が、開港直後から貿易都市としての機能を果たすことができた背景には、周辺地域が、江戸時代から一定程度の経済的な発展を遂げていたことがあった。たとえば、開港後、多くの物資が横浜で集散したが、こうした物資の運搬に従事したのは、神奈川宿やその周辺地域から横浜に進出した人々であった。また、開港後、横浜は短期間に都市化したが、横浜の住民が日常的に消費する食料や燃料を運び込んだのも神奈川宿やその周辺地域の人々であった。

このように考えてみると、横浜という都市は、江戸時代以来の交通手段や流通機構を利用することによって、発展してきたことになる。そこで、ここでは、横浜開港の前史として、江戸時代の横浜周辺地域の様相を眺めてみたい。具体的には、この地域最大の湊であった神奈川宿の湊（神奈川湊）を中心に、交通や流通の実態を紹介する。

神奈川湊は、中世以来の伝統を持つ湊で、一四世紀後半には東京湾を運航する廻船の寄港地であったことが確認されている。この点については、神奈川県立金沢文庫

図1－1　神奈川宿の渡船場

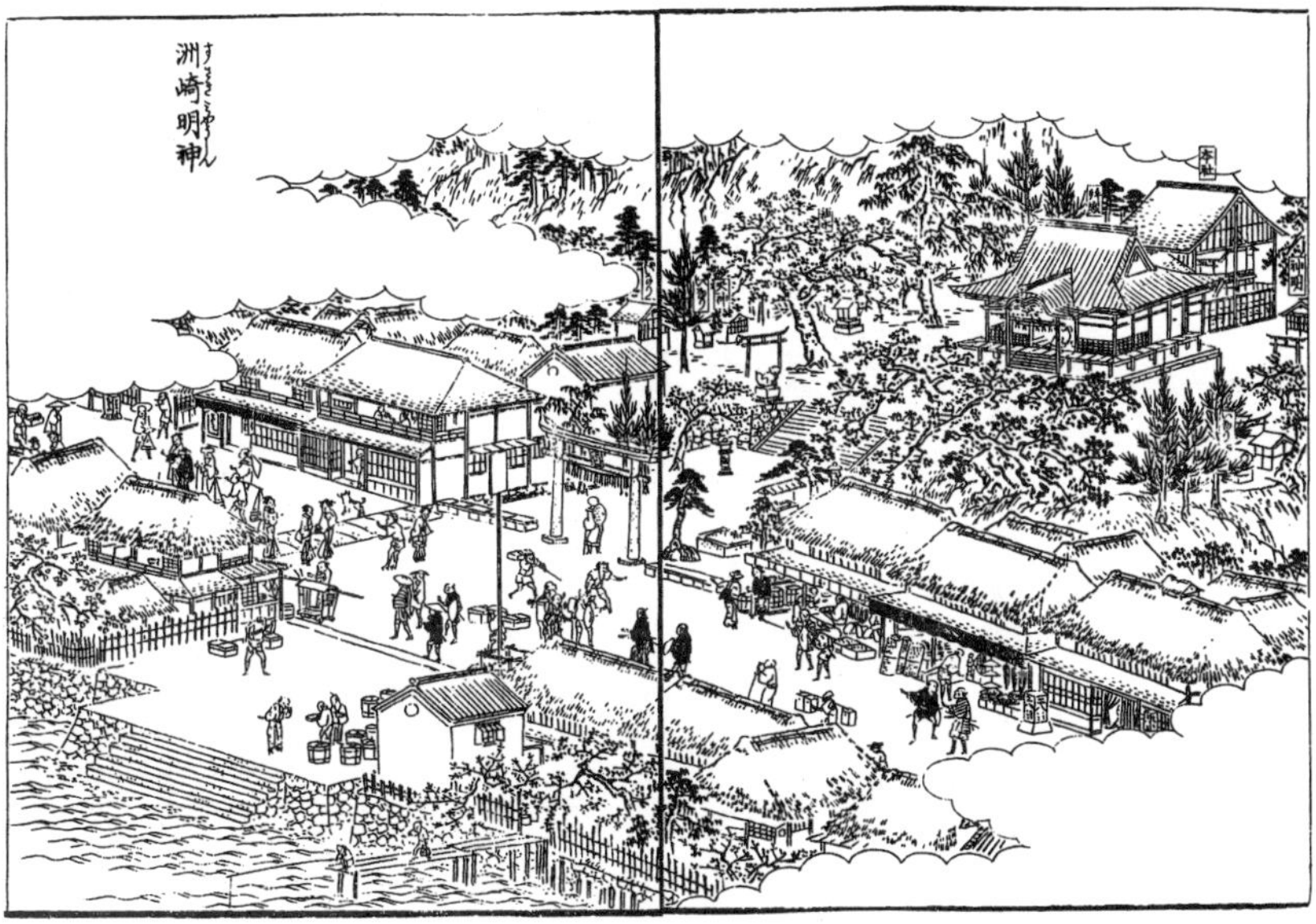

注：江戸時代後期に刊行された『江戸名所図会』に収録された絵。この地点の沖合に千石船が停泊した。船から陸揚げされた品物であろうか，この絵には海から階段を上がったところに樽荷が描かれている。
出所：横浜開港資料館蔵。

が所蔵する「神奈河品河両湊帆別銭納帳」という史料に記述があり、神奈川湊に多くの船が入港し、多額の「帆別銭」（入港税）を払ったことが記されている。また、この湊の繁栄は、その後も続き、戦国期には後北条氏の水軍が常駐する湊になった。さらに、この時期に、かなり大きな町場が湊の周辺に形成されたといわれている[1]。こうした繁栄は、後北条氏の滅亡によって一旦崩れたものの、一七世紀後半から一八世紀半ばになると、この湊は再び復興し、東京湾有数の湊になった。

この時期に江戸では都市住民による消費活動が活性化していたが、これが神奈川湊の復興を促進した（図1－1）。たとえば、一七世紀以降、大坂の廻船問屋は菱垣廻船と呼ばれる船を使って、上方から木綿・油・酢・酒・醤油・紙などを江戸に送り込んだが、菱垣廻船の船主の中には神奈川湊に入津し、一部の荷物を陸揚げする者があらわれた[2]。これらの品物は、江戸での相場を見合わせながら再び江戸に送られたが、その活動は、江戸町奉行が江戸問屋の権益を守るためには神奈川湊の活動を抑制する必要があると述べるほどのものであった。

こうして、この湊は、全国流通の中で重要な位置を占めるようになったが、これに加えて、この湊は、江戸で消費される大量の食料や燃料を積み出す拠点にもなっていった。これらの物資の中には神奈川県中部の農村で生産されたものもあり、この湊は、短期間に広い経済圏を持つ湊に成長した。

さらに、一八世紀後半になると、諸国廻船と呼ばれる全国各地の船が活発に荷物を運搬するようになり、これらの廻船が神奈川湊に入津することが急増した。たとえば、愛知県の知多半島に船籍を持つ「内海船」と呼ばれる廻船集団は、兵庫湊（兵庫県神戸市）や四日市湊（三重県四日市市）と神奈川湊を結ぶ航路に進出し、大量の米や肥料を運んでいる。[3]また、東北地方の廻船や掛塚湊（静岡県竜洋町）の廻船が、入津することもあった。

二　神奈川湊の移出入物資

こうして、この湊は流通の一大拠点になったが、この湊の主要な移出入物資については、一八四八（嘉永元）年の記録（神奈川県立公文書館蔵「神奈川宿本陣文書」）があり、小麦・大豆・米・荒物・小間物・干鰯・糠・塩・酒が取引されたことが分かっている。[4]この内、小麦や大豆は、現在の神奈川県中部から東部にかけて生産された商品で、醤油や味噌の原料として利用された。

また、米には移出米と移入米があり、移出米については、神奈川湊の後背地の農村で生産されたものが、主に江戸に向けて出荷された。一方、移入米は江戸問屋から送られたものであり、全国の米が江戸を経由して神奈川湊に送られ、最終的には湊の周辺の町場で消費された。

次に、荒物や小間物は、上方から送られた工芸品、全国各地で生産された陶器や漆器、織物や衣類などを含むさまざまな雑貨類のことで、おもに江戸から送られた。また、干鰯や糠などの肥料は、「内海船」などが運んだものであり、神奈川湊を経由して内陸の農村に輸送された。さらに、塩や酒は西国の生産物であり、瀬戸内海沿岸で生産された塩や現在の兵庫県で生産された酒が湊に入荷した。

残念ながら、江戸時代の記録には、移出入物資の数量を記したものがない。しかし、少し時代が下るが、一八八〇（明治一三）年に作成された『神奈川県統計書』に神奈川湊の移出入物資に関する記述がある。この統計書によれば、当時、神奈川湊では、小麦六六〇六石、塩三七万九一五二貫が移出され、米六万五九〇四石、塩四七万七一一一俵、酒五万五四二五樽、醤油一万六九〇五（単位不明）が移入された。

塩については、移入と移出の単位が違うし、醤油については、単位が記されていない。また、当時の統計書には間違った数字が記されることが多く、ここに示された数字は必ずしも信用できるものではない。しかし、この湊で、江戸時代後期から明治時代初頭にかけて、大量の物資が移出入していたことは間違いない。

また、これらの物資を運んだ船についても、いくつかの記録がある。たとえば、開港直後に外国人が撮影した神奈川湊の写真には、数艘の和船が写されている。(5)これらの和船は、いずれも「弁財船」と呼ばれる大型船であり、東京湾の外から物資を運んできた船であった。また、この写真に写された船の喫水線の状態から見て、これらの船が空船であることが判明し、この湊で大型の「弁財船」が物資を陸揚げしていたことが分かる。はたして、これらの船が、どこの廻船集団に属していたのか、写真から知ることはできないが、この頃、神奈川湊と関係を深めていた「内海船」の可能性もある。

一方、こうした大型船のほか、東京湾内の物資流通に従事した小型船も神奈川湊には多数入津した。この内、荷物輸送にもっとも大きな役割を果たしたのは「五大力船」と呼ばれる数十石積から二百石積程度の荷物運搬船であり、これらの船は江戸や対岸の房総半島との物資輸送に利用された。また、「押送船」と呼ばれる生魚などを運ぶ快速船や「五大力船」より小型の「茶船」や「伝馬船」、さらには、数人乗りの漁船が漁の合間に物資を運ぶこともあった。

三　相州小麦と相州大豆

このように、神奈川湊では、さまざまな物資が移出入したが、もっとも重要な商品に相州大豆と相州小麦があった。いずれも味噌や醤油の原料であり、生産地の「相州」を冠して呼ばれた商品である。また、相州産の小麦や大豆は良質であり、全国各地の醸造家はこぞって相州小麦や相州大豆を購入したと伝えられる。そのため、現在でも、全国各地に相州大豆や相州小麦について記した史料が残されている。

たとえば、神奈川県綾瀬市の近藤家には、幕末期に小麦や大豆を神奈川宿の商人に販売したことを記した帳簿がある。当時、近藤家は、近隣の農家から小麦や大豆を購入し、馬を使って神奈川湊まで運んでいた(6)。その取引は恒常的なものであり、内陸の村々で生産された雑穀は、こうした商人の手を経て神奈川湊に集荷された。

また、東京大学法制史資料室には、相模湾沿岸の片瀬湊(神奈川県藤沢市)から、幕末期に、小麦や大豆が二、三人乗りの漁船で神奈川湊に運ばれたことを記した記録がある。この記録によれば、多い年には、片瀬湊だけで数千俵の小麦や大豆が移出された(7)。

一方、醸造家のもとには、神奈川湊の商人から相州大豆を購入したことを記した史料が残されている。たとえば、愛知県常滑市の盛田家(鈴渓資料館)には、幕末期に神奈川湊の商人が相州大豆三六〇俵を盛田家に送った際に作成された史料がある(8)。この史料は、味噌の醸造を生業とする盛田家が大豆を購入した際に作成され、大豆は味噌の原料であった。また、運搬には「弁財船」が使われ、大豆は神奈川湊の二人の商人から盛田家に送られた。

さらに、この史料は、奥州大豆が浦賀湊(神奈川県横須賀市)の商人を通じて盛田家に送られたことも記しており、東京湾沿岸地域が、相州大豆だけでなく東北地方の大豆を含む全国各地の大豆が集散する地域であったことを伝えている。また、盛田家には製品の出荷先について記した史料もあり、年間一五〇〇石もの味噌を、相模・武蔵・江戸にまで販売したとある。

一方、醤油については、神奈川湊に隣接する村の商人が、一八五〇(嘉永三)年に、三七七俵の小麦を千葉県野田町の醤油醸造家茂木佐平次(現在のキッコーマン醤油の創始者の一族)に販売した記録がある(横浜開港資料館蔵「関口日記」)。幕末期の野田町は、関東を代表する醤油の産地であり、神奈川湊に集荷された小麦の多くは、野田町のような醤油の産地に送られた(9)。史料は輸送方法について記していないが、おそらく、数人乗りの小船を使い、東京湾から江戸川を経由して野田町に至ったと思われる。

ちなみに、先に掲げた『神奈川県統計書』によれば、一八八〇（明治一三）年の神奈川湊の年間小麦出荷量は六六〇六石（約一〇〇〇トン）であったから、小麦の集散地としての機能は、明治時代以降も続いていたことになる。また、開港後の一時期、小麦や大豆が横浜港の主要な貿易品になったことがあるが、大量の雑穀輸出を可能にした条件のひとつに、江戸時代から神奈川湊が雑穀の集散地であったことがあげられよう。

四　経済が活性化する中で

次に、神奈川湊やその周辺地域が、流通や交通の拠点になっていく過程を検討しよう。徳川家康が幕府を開き、江戸が「首都」になったのは、一六〇三（慶長八）年のことで、これ以後、江戸は政治の中心地として急激に発展した。また、これにともない神奈川の宿場や湊も急速に整備された。最初におこなわれたのは宿場の設置で、幕府が開設される直前の一六〇一年に東海道が開設された。この時、神奈川宿も、日本橋から三つ目の宿場として設置され、これ以後、この宿場は地域経済や交通の拠点として発展していくことになった。

また、江戸の人口が急増するのにともない、江戸の周辺地帯は、消費物資を江戸へ供給する機能を果たすようになった。東京湾沿岸地域では物資を積み出す湊が整備され、河川の流域では多くの河岸が設置された。こうして、現在の「首都圏」と呼ばれる地域は、江戸を中心とする大きな経済圏として機能するようになった。また、現在の神奈川県から千葉県にかけての農村や漁村からは、大量の農産物や漁獲物、さらには炭や薪などの燃料が、湊を通じて江戸に送られるようになった。

なかでも神奈川湊は、こうした湊の中でもっとも大きな湊であり、この湊は、経済の活性化にともない江戸との関係を深めていった。また、湊の後背地も経済的に大いに繁栄し、江戸時代後期には、神奈川宿を中心に、東海道に沿っていくつかの宿場や村を貫く大きな「町場」が形成された。江戸時代の「道中絵図」には、川崎宿（神奈川県川崎市）辺りから保土ケ谷宿（神奈川県横浜市）辺りにかけて家並みが続いている情景が描かれているが、「絵図」を見る限り、この地域は小さな城下町に匹敵するような「町場」であった。

残念ながら、江戸時代の人口については分からないが、東海道沿いだけでも、二万人から三万人程度の人が住んでいたことは間違いない。これに加えて、東海道を旅行する人々、他地域から物資を運んできた運輸業者や商人などが存在したわけであるから、この地域の消費人口はかなり大きなものであった。そのため、神奈川湊には、江戸や対岸の房総半島、さらには東京湾の外からさまざまな物資が運ばれるようになり、この地域で消費されるようになった。さらに、この湊に集荷された物資は、この地を経由して神奈川県中部から北部にかけての農村、鎌倉や金沢八景などの観光地にも送られるようになり、この湊は物資の中継港としても繁栄するようになった。

五　残された史料

このように、神奈川湊で集散した物資は多種多様であり、その実態を簡単に述べることはできない。しかし、主要な商品に関しては、いくつかの史料が残っている。

たとえば、漁獲物については、神奈川宿に数十人の魚問屋仲買がいたことを記した史料（神奈川県立公文書館蔵「神奈川宿本陣文書」）があり、彼らが江戸日本橋の魚問屋に漁獲物を出荷したことが判明している。また、この史料には、魚問屋から仲買を通じて前貸金が漁民に貸与されたこと、漁獲物が金主の魚問屋に独占的に出荷されたことなどが記されている。さらに、漁獲物の輸送には、八本の櫓を持つ「押送船」が利用され、神奈川湊から数時間で日本橋に到着したとある。

一方、農産物である米については、後背地の農村から年貢米が江戸に送られたことを記した史料があるほか、この地域の商人が旗本の知行地で生産された年貢米を購入して江戸の商人に転売したことを記した史料（横浜開港資料館蔵「関口日記」）がある。また、江戸の米問屋が全国各地の米を、この地域の商人に販売したことを伝える史料（同上）もある。

また、塩については、一八五四（嘉永七）年に、行徳（千葉県市川市）の商人が下り塩（瀬戸内海沿岸で生産された塩）を神奈川湊の商人から購入したことを記した史料（国立国会図書館蔵「旧幕府引継書、市中取締類集・町人諸願之部」）がある。

この史料は、江戸の下り塩問屋が記したもので、下り塩問屋は、彼らが独占的に扱ってきた下り塩を、神奈川湊や行徳の商人が扱うようになったことを強く批判している。本来、下り塩は、江戸問屋を経由して江戸市中や関東各地に販売されることになっていたが、神奈川湊や行徳の商人が、彼らの既得権を侵したために、こうした史料が作成された。また、この史料は、幕末期の神奈川湊が、江戸問屋の権益を危うくするほどの経済的な発展を遂げていたことを伝えている。

さらに、肥料については、神奈川湊に陸揚げされた干鰯や糠が、馬の背に乗せられて、八王子宿（東京都八王子市）まで運ばれたことを記した幕末期の史料（横浜開港資料館蔵「市史稿写本、芝生村名主三村氏記録文書」）がある。この史料は、八王子宿に至る途中の村々の農民たちが、「馬子」として肥料を運んだと記しているから、神奈川湊の経済の活性化は内陸部の農民たちの暮らしにも影響を与えたようである。

また、同時期に作成された史料（神奈川県立公文書館蔵「神奈川宿本陣文書」）には、八王子宿だけでなく厚木町（神奈川県厚木市）周辺にも干鰯や〆粕などの肥料が運ばれたことが記されている。さらに、この史料は、肥料とともに下り酒（兵庫県などで生産された酒）や下り塩が運ばれたと記し、神奈川湊が内陸部の町村と密接な経済関係を持っていたことを伝えている。

第二節　東京湾沿岸地域の船と商人

一　『徴発物件一覧表』にみる関東の船

神奈川湊が発展を続けた江戸時代は、江戸を中心とする地域の流通網や交通網が飛躍的に整備された時代であった。なかでも船による物資の輸送は、江戸時代に急増し、この時代に人々は、船によって大量の物資を運ぶことができるようになった。また、それにともない、河岸や湊を活動拠点にする船の数も急増した。さらに、横浜開港以降も、西洋形の帆船や蒸気船が増加する前の段階では、こうした江戸時代以来の和船が、地域の物資輸送を担っていた。

しかし、江戸時代に各湊や河岸が所有した船数を記した史料は残っていない。また、明治時代に入っても、統計書が完備されるまでは、船の数を総体的に知ることは不可能に近い。そこで、ここでは、一八九〇（明治二三）年に作成された『徴発物件一覧表』と呼ばれる統計書を利用して、船の種類と数について考えてみたい(10)。この統計書は、陸軍が有事の際に徴発できる物件を掲載したもので、徴発物件の中に船が含まれている。また、統計書のもとになった調査も陸軍が実施し、町や村の大字ごとに所有する船の数が書き上げられた。ちなみに、この段階での大字は、原則として江戸時代の村に相当し、かなり小さな行政単位での所有船数を知ることができる。

さて、表1-1は、『徴発物件一覧表』に記載された船舶を各郡ごとに示したものである。本書が考察対象にするのは、現在の横浜市域を中心とする地域であるが、ここでは参考のために、一八九〇年段階の東京府・神奈川県・埼玉県・群馬県・千葉県・茨城県に船籍を持つ船舶をすべて掲載した。また、『徴発物件一覧表』では、船舶が日本形五〇石以上（五〇石積以上の和船）、同艀漁小廻（五〇石積未満の和船）、蒸気船を除く西洋形帆船二〇トン以上、同二〇トン未満の四つに区分され、それぞれの数量が記されている。残念ながら、蒸気船についての記述がないため、すべての船舶数を知ることができないが、東京府・横浜市・横須賀市など蒸気船を多く所有している港を除けば、ほぼ各地域の実態を示している。

この表によれば、関東一円には全部で九万六九五五艘の船があった（東京府一万八六九七艘、神奈川県一万二五七六艘、埼玉県一万一四九二艘、群馬県一九七九艘、千葉県三万二二〇五艘、茨城県二万六艘）。この内、西洋形船舶二〇トン以上が九七艘、同二〇トン未満が八二艘、日本形五〇石以上が三〇五九艘、同艀漁小廻が九万三七一七艘であった。ここに示した数字は、海船だけでなく川船も含まれているが、関東一円には一〇万艘近い船があったことになる。

また、船舶の大部分は艀漁小廻と呼ばれる日本形の小型船で、これらの船は二、三人乗り程度の漁船と考えられる。この地域においては、こうした漁船が、漁の合間に物資を運搬していたことを推測させる。さらに、日本形五〇石以上を荷物運搬のための専用船と考えるならば、関東一円には、約三〇〇〇艘の荷物運搬の専用船があったことになる。

二　交通や運輸の拠点

では、一九世紀末の段階で、現在の「首都圏」と呼ばれる地域の交通の拠点は、どこにあったのだろうか。まず、郡ごとの船舶所有数では、もっとも大量の船を所有したのは東京市（六五二四艘）で、以下、下総国香取郡（五六二九艘）、相模国三浦郡（五三二三艘）、武蔵国荏原郡（五三一六艘）、下総国東葛飾郡（五二五一艘）、武蔵国南葛飾郡（五一七〇艘）、武蔵国北葛飾郡（四七九五艘）、常陸国鹿島郡（三一一七艘）、武蔵国南埼玉郡（二八九二艘）、常陸国行方郡（二六三一艘）の順になっている。これらの地域は東京湾に面しているか、多摩川・荒川・綾瀬川などの河川流域に位置している。したがって、船の利用が多くみられ、所有船舶数も多かったと考えられる。

しかし、これらの船舶の中には艀漁小廻と呼ばれる漁船が多く含まれているから、ここに示した郡には交通や流通の拠点というよりも、漁業の拠点であった地域が多く入っている。そこで、交通や流通の拠点を知るために、荷物運搬専用船であった日本形五〇石以上の船舶を多く所有する郡や大字を検討したい。まず、東京府では東京市と荏原郡に条件に当てはまる地域がある。この内、東京市では京橋区・深川区・日本橋区に多くの荷物運搬船があり、江戸時代から諸問屋が建ち並んだ地域が近代以降も交通の要衝であったことをうかがえる。

次に、荏原郡では羽田（東京都大田区）や品川町（東京都品川区）が多くの荷物運搬船を所有している。この内、品川町は中世以来の伝統を持つ湊で、こうした伝統

地域の船数

国・郡	西洋形20トン以上	西洋形20トン未満	日本型50石以上	日本型艀漁小廻	合　計	府　県
上野・片　岡				3	3	
〃・新　田			7	76	83	
〃・佐　位			5	99	104	
〃・邑　楽			38	1,430	1,468	
〃・那　波			5	190	195	
下総・千　葉			414	876	1,290	千葉県
上総・市　原			67	834	901	
下総・東葛飾			30	5,221	5,251	
〃・印　旛			26	1,820	1,846	
〃・下埴生			3	400	403	
〃・南相馬			25	936	961	
上総・長　柄			12	406	418	
〃・山　辺				501	501	
〃・武　射				405	405	
下総・香　取			87	5,542	5,629	
〃・海　上			1	2,487	2,488	
〃・匝　瑳				1,095	1,095	
上総・望　陀			54	1,013	1,067	
〃・周　准			21	1,797	1,818	
〃・天　羽			57	997	1,054	
〃・夷　隅			20	1,934	1,954	
安房・安　房			42	1,564	1,606	
〃・平			53	1,537	1,590	
〃・朝　夷			16	1,164	1,180	
〃・長　狭			33	715	748	
常陸・東茨城			41	1,294	1,335	茨城県
〃・西茨城				7	7	
〃・那　珂			2	1,344	1,346	
常陸・久　慈				555	555	
〃・多　賀			4	727	731	
〃・鹿　島			44	3,073	3,117	
〃・行　方				2,631	2,631	
〃・信　太			12	1,015	1,027	
〃・河　内			16	2,045	2,061	
〃・新　治			98	1,560	1,658	
〃・筑　波			1	360	361	
下総・真　壁				339	339	
〃・結　城			203	116	319	
〃・岡　田			48	262	310	
〃・豊　田			20	255	275	
〃・猿　島			75	1,202	1,277	
〃・西葛飾			26	541	567	
〃・北相馬			251	1,839	2,090	
合　計	97	82	3,059	93,717	96,955	

表1－1　東京湾沿岸

国・郡	西洋形20トン以上	西洋形20トン未満	日本型50石以上	日本型艀漁小廻	合　計	府　県
東京市	79	70	288	6,087	6,524	東京府
武蔵・荏　原			154	5,162	5,316	
〃　・北豊島				450	450	
〃　・南足立				1,237	1,237	
〃　・南葛飾				5,170	5,170	
横浜市	16	9	245	1,140	1,410	神奈川県
武蔵・久良岐			39	1,044	1,083	
〃　・橘　樹			126	2,232	2,358	
〃　・都　筑				3	3	
〃　・西多摩				20	20	
〃　・南多摩				13	13	
〃　・北多摩				36	36	
相模・三　浦	2	3	127	5,191	5,323	
〃　・鎌　倉			3	317	320	
〃　・高　座			1	395	396	
〃　・大　住			17	259	276	
〃　・淘　綾			2	283	285	
〃　・足柄下			30	779	809	
〃　・愛　甲				69	69	
〃　・津久井				175	175	
武蔵・北足立			38	785	823	埼玉県
〃　・新　座			44	59	103	
〃　・入　間			44	466	510	
〃　・高　麗				3	3	
〃　・秩　父				2	2	
〃　・比　企			8	145	153	
〃　・横　見				75	75	
〃　・児　玉				59	59	
〃　・賀　美				30	30	
〃　・大　里			3	148	151	
〃　・幡　羅			17	116	133	
〃　・榛　沢			1	96	97	
〃　・男　衾				12	12	
〃　・北埼玉			6	629	635	
〃　・南埼玉			9	2,883	2,892	
〃　・北葛飾				4,795	4,795	
下総・中葛飾				1,019	1,019	
上野・東群馬				1	1	群馬県
〃　・南勢多				4	4	
〃　・西群馬				58	58	
〃　・緑　野				49	49	
〃　・多　胡				8	8	
〃　・北甘楽				5	5	
〃　・碓　氷				1	1	

出所：『徴発物件一覧表』より作成。

が明治時代まで続いた。また、現在、東京の空の玄関として知られる羽田には九三艘もの荷物運搬船があり、かつて、この地域が海上交通の拠点であったことを知ることができる。一方、神奈川県では、開港場が置かれた横浜市に多くの船舶が集中している。また、横浜市が所有する西洋形の船舶の数は、東京市の日本橋区や浅草区に次いで多く、この町は交通手段の近代化の窓口であった。さらに、神奈川県では、三浦郡の浦賀町にも西洋形の船舶と日本形の荷物運搬船をみることができ、この二つの町が流通の拠点であった。

これに加えて、前節で考察した久良岐郡の神奈川湊には三一艘の荷物運搬船があり、この湊は、この段階でも流通の拠点として機能していた。さらに、多摩川河口に位置する橘樹郡の大師河原（川崎市）、相模川河口に位置する大住郡の須賀（平塚市）、三浦半島中部の三浦郡の浦郷（横須賀市）にも、かなりの数の荷物運搬船があった。この内、浦郷は魚介物を江戸に積み出した湊として発展し、須賀は相模川上流から運ばれる炭・材木・穀類の積出地であった。

次に、埼玉県では北足立郡・新座郡・入間郡に多くの荷物運搬船があった。埼玉県は、東京府や神奈川県と違って海に面していないため、船は、荒川・綾瀬川・利根川・新河岸川などの河川で利用された。船舶数は、海沿いの地域にくらべると少ないものの、新座郡の志木（志木市）や入間郡の水子（富士見市）では、かなりの数（二四艘）の荷物運搬船を所有した。この内、志木は東京と川越（川越市）とを結ぶ川船の停泊地であり、水子は新河岸川の右岸に位置する河岸であった。また、埼玉県と同様の内陸部の群馬県では、利根川や渡良瀬川に沿って河岸があり、新田郡の米岡（境町）、佐位郡の島（境町）、邑楽郡の赤岩（千代田町）、同郡の上早川田・下早川田・館林（以上、館林市）などが、多くの荷物運搬船を所有した。

次に、千葉県であるが、この県は関東の中でもっとも多くの船舶を所有した。まず、千葉郡では寒川・登戸・曽我野・検見川・馬加・久々田・鷺沼が、多くの荷物運搬船を所有した。この地域は現在の千葉市から習志野市にかけての一帯で、千葉県の中で荷物運搬船がもっとも集中している。また、千葉郡に隣接する市原郡にも五井・八幡（以上、市原市）が多くの荷物運搬船を所有した。さらに、東京府との境に位置する東葛飾郡では船橋（船橋市）にも運輸の拠点があった。

一方、これ以外の郡では、日本形五〇石以上の船舶が集中しているような地域はみられないが、印旛郡平岡（印西町）、南相馬郡布佐（我孫子市）、香取郡小見川（小見川町）などの利根川流域の河岸や望陀郡木更津（木更津市）、天羽郡竹ケ岡（富津市）、同郡金谷、同郡湊（以上、富津市）などの東京湾沿岸地域、さらには、安房郡柏崎（館山市）、平郡元名（鋸南町）、長狭郡天津（天津小湊町）などの房総半島の先端地域にも荷物運搬船を一〇艘以上所有する湊があった。

最後に、茨城県であるが、荷物運搬船を多く所有する大字としては、東茨城郡小川（小川町）、新治郡土浦（土浦市）、同郡高浜（石岡市）、結城郡久保田（結城市）、猿島郡境（堺町）、北相馬郡布川（利根町）をみることができる。これらは、園部川・霞ケ浦周辺の河川・鬼怒川・利根川の河岸であり、茨城県ではこうした河岸が運輸の拠点になった。

これら流通や交通の拠点の多くは、江戸時代以来の伝統を持つ河岸や湊であったが、近代以降もこうした河岸や湊は、相互に密接な関係を持ちながら、流通網や交通網を支え続けた。また、開港場である横浜は、そうした流通網や交通網の中に位置づけられ、開港後、横浜を起点とした新たな流通網や交通網が再編されることになった。

三　神奈川湊周辺の商人

このように、一九世紀の関東では、和船による交通網が形成され、和船によって大量の物資や旅客が運送された。また、和船の活動拠点であった湊や河岸では多くの商品が集散し、これらの商品を扱う商人が居住した。その活動の実態は地域によってさまざまであるが、ここでは、再び神奈川湊に目を転じ、江戸時代後期に神奈川湊周辺で活動した商人の業種や人数について考えたい。こうした分析をおこなうことによって、流通や交通の拠点となった河岸や湊の機能や役割が一層明らかになると思

表1－2　神奈川湊周辺に居住する「商人」

No.	郡名	宿村名	商人数 (A)	総戸数 (B)	百分比 (A)÷(B)
1	橘樹郡	保土ケ谷宿	155人	564戸	27
2	〃	芝生村	106	114	93
3	〃	市場村	53	125	42
4	〃	鶴見村	37	129	29
5	〃	生麦村	32	239	13
6	〃	南綱島村	1	93	1
7	〃	北綱島村	2	53	4
8	〃	東子安村	19	147	13
9	〃	西子安村	11	88	13
10	〃	新宿村	8	88	9
11	〃	小机村	8	138	6
12	〃	三枚橋村	1	20	5
13	〃	六角橋村	3	42	7
14	〃	岸之根村	4	26	15
15	〃	下菅田村	7	105	7
16	〃	羽沢村	4	66	6
17	〃	鳥山村	5	58	9
18	〃	菊名村	3	30	10
19	〃	篠原村	5	105	5
20	〃	上駒岡村	3	20	15
21	〃	中駒岡村	3	69	4
22	〃	下駒岡村	2	10	20
23	〃	上獅子ケ谷村	1	36	6
24	〃	下獅子ケ谷村	1		
25	〃	馬場村	2	45	4
26	〃	北寺尾村	2	69	3
27	〃	上末吉村	1	65	2
28	〃	下末吉村	3	53	6
29	〃	東寺尾村	7	76	9
30	〃	西寺尾村	3	60	5
31	〃	大曽根村	3	38	8
32	久良岐郡	森公田村	24	66	36
33	〃	根岸村	29	190	15
合計			548	3,027	18

出所：鶴見区・添田茂樹家文書・文政10年『村方明細帳写』，鶴見区・池谷健治家文書・文政10年『村方書上明細帳』，西区・三村金次郎家文書・天保９年『御取調書上帳』，港北区・飯田助丸家文書・天保14年『農間商渡世向名前書上帳』，『農間商渡世取調書上帳』，市史稿写本『保土ケ谷宿本陣記録文書．34』，『根岸村名主高橋氏記録３』，鶴見区・佐久間亮一家文書・文政10年『村方明細書上帳』，磯子区・斎藤清四郎家文書・明治３年『統計資料』より作成。

われる。

表1－2は、神奈川湊を中心に約一五キロメートルの範囲内に居住した商人の人数を示したものである。この地域には、大きな城下町が存在しない。そのため、ここで取り上げた商人は、宿場の住民であれ、村の富農であれ、身分はすべて「農民」であり、その商業活動も「農間商い」（農業の合間に商業に従事すること）として認められていたにすぎなかった。しかし、その活動は、大変活発なものであり、この地域の経済の活性化は、こうした商人によって支えられてきた。

また、表のもとになった史料は、地域の旧家が所蔵する古記録などで、全部で三三の宿場や村が掲げてあり、これらの宿場や村に居住した商人の数を示してある。さらに、表には参考のため、宿場や村の総戸数についても示してある。商人の人数は五四八人で、この地域では、総戸数の一八パーセントが商業活動に従事した。また、商人がもっとも多く住んでいたのは保土ケ谷宿で、次いで芝生村・市場村・鶴見村などの東海道沿いの村々に多くの商人をみることができる。一方、東海道は貫通していないが、東京湾に面した根岸村や森公田村などの湊にも多数の商人が居住した。これ以外の地域では、やや商人の人数が少なくなっている。

ちなみに、一九世紀の半ばに、この地域には約一八〇の宿場や村があり、表1-2に示した宿場や村は全体の約二割にあたる。したがって、この地域には、表に掲げた数倍の商人がいたことになる。また、この表には、特に商人が多かった神奈川宿や川崎宿が入っていない。したがって、実際の商人の人数は少なく考えても二〇〇〇人を超えたことは間違いない。先に、人口の面から見て、この地域が小さな城下町に匹敵すると述べたが、神奈川湊の周辺地域は「商業都市」としても重要な機能を果たしていたことになる。

四　さまざまな商品

では、これらの商人は、どのような商品を扱ったのだろうか。表1-3は、商人の業種を示したものである。総業種数は一三九に達し（一部、職人や醸造業も含む）、この地域でさまざまな商品が流通していたことをうかがわせる。また、一人の商人が複数の品物を扱ったため、業種別の人数の合計は一二四一人と実際の商人の人数（五四八人）よりも多くなっているが、いずれにしても、多種多様な商人がさまざまな取引をおこなっていたことは間違いない。

たとえば、草履やわらじを扱う商人は、東海道沿いの地域を中心に、ほぼ全域でみることができ、筆・墨・紙などの文具を扱う商人も多い。また、鍋・ざる・土瓶などの台所用品、線香・提灯・傘・釘などの日用品を扱う商人も散見する。さらに、青物（野菜）・こんにゃく・豆腐などの食品や古着・呉服などの衣類も見ることができる。これらの商品の中には、江戸などから送られたも

表1－3　商人の業種

No.	業　種	人数	No.	業　種	人数	No.	業　種	人数	No.	業　種	人数
1	酒	63	37	油	8	72	左官	3	107	醤油造	1
2	ぞうり	56	38	桶屋	8	73	畳工	3	108	手ぬぐい	1
3	わらじ	55	39	小間物	7	74	鋳掛師	3	109	干うどん	1
4	醤油	55	40	薪	7	75	石工	3	110	酒造	1
5	荒物	51	41	紙くず買	7	76	箕	2	111	しめ粕	1
6	菓子	47	42	附木	7	77	ふるい	2	112	干鰯	1
7	塩	43	43	髪結	6	78	ちょうちん	2	113	ぬか	1
8	つき米	43	44	青物	6	79	傘	2	114	竿	1
9	酢	42	45	紺屋	6	80	煎茶茶漬店	2	115	ろうそく懸	1
10	紙	41	46	あま酒	5	81	釘	2	116	紙すき	1
11	穀物	39	47	干物	5	82	綿打	2	117	餅	1
12	線香	32	48	古着	5	83	団子	2	118	薬種	1
13	ろうそく	31	49	並木縄手簾張商	5	84	建具師	2	119	こんにゃく	1
14	抹香	28				85	足袋	2	120	粉屋	1
15	豆腐	28	50	居酒屋	5	86	船積渡世	2	121	塗師	1
16	筆	25	51	真木船廻し	5	87	相模国より江戸へ魚荷馬宿	2	122	植木作	1
17	墨	25	52	味噌	5				123	紺屋形付	1
18	飴菓子	23	53	米饅頭	4	88	糸立	1	124	鉄類	1
19	砂糖	21	54	木綿	4	89	縄	1	125	種物類	1
20	船持ち	21	55	飯	4	90	元結卸	1	126	駕篭造	1
21	農具	21	56	升酒	4	91	かつお節	1	127	船大工	1
22	酒食煮売商	20	57	魚売	4	92	土瓶	1	128	蒸菓子	1
23	質屋	20	58	土蔵持	4	93	土鍋	1	139	綱	1
24	炭	20	59	餅菓子	3	94	土器	1	130	米穀	1
25	大工	18	60	ざる	3	95	戸障子建具	1	131	板屋根ふき	1
26	世帯道具	16	61	鍋	3	96	家大工	1	132	搗うすほり	1
27	日雇	15	62	釜	3	97	呉服	1	133	麦	1
28	木挽	13	63	下駄	3	98	布物	1	134	大豆	1
29	茅屋根屋	13	64	鍛冶屋	3	99	医師	1	135	茶店	1
30	瀬戸物	11	65	草屋根屋	3	100	手習師匠	1	136	そば切	1
31	太物	11	66	湯屋	3	101	あんま	1	137	まんじゅう	1
32	煙草	10	67	材木	3	102	石屋	1	138	甲州より江戸へ往来馬宿	1
33	水菓子	10	68	魚油	3	103	明樽	1			
34	水油	9	69	こやし	3	104	こうじ	1	139	濁酒卸商	1
35	雑穀	9	70	油絞	3	105	燈油	1			
36	そば	9	71	古道具	3	106	板	1		合　計	1,242

出所：表1－2と同資料より作成。

のが含まれていたと考えられるが、この地域の商人は、開港以前から数万人規模の人々が消費する物資を恒常的に集荷する能力を持っていたことになる。

一方、神奈川湊の主要な取引品を扱う商人も、当然のことながら多く存在した。こうした商人には大きな資本力を持つ者が多かったが、酒・醤油・穀物・塩などを扱う商人が、これにあたる。この内、穀物商（つき米・穀物・雑穀・米穀・大豆）の人数は九〇人を超え、東海道沿いでは数百メートルに一軒の割合で穀物商がいたことになる。また、酒商は六三人、塩商は四三人、醤油商は五五人を数え、この地域が、こうした商品の集散に大きな役割を果たしていたことがうかがわれる。

さらに、薪や炭を扱う商人も多く、内陸部の農村から送られた燃料は、彼らを通じて江戸に出荷された。また、表1-3には運輸にかかわる商人もみられ、真木船廻し（薪の運送業者）や船積渡世（和船を使う運送業者）を生業とする者がいた。なかには「甲州より江戸へ往来馬宿」（現在の山梨県と東京を馬で結んだ運輸業者）と注記のある者もみられ、この地域が遠く離れた甲斐国（山梨県）と経済的な関係を持っていたことをうかがわせる。

このように眺めてみると、河岸や湊の後背地には、その機能を支えるさまざまな商人が存在していたことがよく分かる。特に、神奈川湊の場合は、多くの商人が湊の周辺に居住し、彼らによって大きな町場が形成されていた。また、彼らは、開港後、さまざまな形で開港場を支えていくことになるが、そうした役割を果たすことができる力を江戸時代に蓄えたといえるのかもしれない。

第三節　通商条約締結の過程で

一　「神奈川条約」と「神奈川港」

江戸時代後期、神奈川湊を中心とする地域が、かなりの経済的な発展を遂げていたことは間違いない。また、その発展の程度も、従来考えられてきたより、はるかに大きなものであった。しかし、横浜開港という歴史的な事件がなければ、この地域が国際的な脚光を浴びることはなかった。また、首都と横浜を結ぶさまざまな交通手段が作られることもなく、この地域は、全国どこにでもある地方都市としての歴史を歩んだはずである。では、横浜は、どのようにして、開港場になったのだろうか。また、神奈川湊を中心とする地域は、その後、どのような変貌を遂げたのだろうか。

神奈川や横浜という地名が、国際的に知られるようになったのは一八五四（安政元）年のことで、日米和親条約締結の時であった。この時、アメリカ東インド艦隊司令長官ペリーは、幕府と横浜村で条約を締結し、この地域は一躍有名な場所になった。また、この条約は、「神奈川条約」と呼ばれ、神奈川という地名は内外に知られることになった。横浜村で締結された条約が、「神奈川条約」と呼ばれた理由ははっきりしないが、おそらく対岸に位置する神奈川宿や神奈川湊の方が横浜村よりも有名であったことによっていると思われる。また、神奈川という地名が宿場を中心にかなり広い範囲を指すことも多く、横浜村も神奈川に含まれると考えられたのかもしれない。ともあれ、これ以後、神奈川や横浜という地名は、日米和親条約が締結された場所として西洋の人々にも記憶されることになった。

もっとも、この段階で、「神奈川条約」を知っていたのは一部の外交に携わった人々に限られていた。しかし、一八五七（安政四）年以降になって、日米間で通商条約締結についての交渉が始まり、「神奈川港」を開港することが検討されるようになると、この地名はより多くの人々に使われるようになった。神奈川という地名が日米交渉の舞台に最初に登場したのは、一八五八年一月二五日（安政四年一二月一一日）のことで、日本側全権委員である岩瀬忠震は、「神奈川港」を開港場にしたいとアメリカ総領事ハリスに提示した。[11] 当時、「神奈川港」は、ハリスが考えていた開港場の候補地には入っておらず、ハリスにとって岩瀬の提案は驚きであった。

会談の席上、岩瀬は、江戸の近海で適当な場所に開港場を設置したいと提議し、その候補地として「神奈川港」をあげた。これに対し、ハリスは、日米和親条約の締結地となった横浜村も「神奈川港」に含まれるのかと尋ね、岩瀬は、その通りと答えている。おそらく、この段階では「神奈川港」というだけで具体的な場所は特定されておらず、幕府は神奈川宿から横浜村にかけての一帯を「神奈川港」と呼んだと思われる。

また、幕府が、この地域に開港場を置くことを問題にし始めたのは、会談の一カ月ほど前のことで、前年の一二月二一日に、岩瀬が老中にあてた意見書が、「神奈川開港」について触れたもっとも古い記録（『幕末外国関係文書　一八巻』東京大学出版会、一九七二年）である。この意見書の中で、岩瀬は、横浜村に開港場を設置し、この港を江戸の外港にすべきであると述べている。その理由として、江戸に近い横浜を開港場にすることによって幕府が貿易の権益を掌握できることをあげ、その結果、全国流通の拠点であった大坂の地位を相対的に弱め、首都である江戸の立場を強めることができるとしている。

かつて、石井孝氏は、岩瀬の考え方を高く評価し、幕臣の多くが開港の要求に対し、消極的な対応しかしなかった中で、岩瀬が経済的な利権を江戸に集中することによって、幕府の「絶対主義化」をはかろうとしたと述べたことがある。(12)はたして、岩瀬が幕府の「絶対主義化」までを視野に入れていたのかどうかについては疑問があるが、横浜が開港した背景には、そうした岩瀬の積極的な考え方があったことは間違いない。また、開港場の選定については、このほかにもいくつかの意見があったが、最終的に岩瀬の案が幕府案として採用された。

二　江戸と神奈川をめぐって

これに対し、交渉相手であったハリスは岩瀬の提案を簡単には受け入れなかった。たとえば、一月二八日に開かれた会談で、ハリスは、「神奈川開港案」に、いくつかの疑問を投げかけた。(13)具体的には、神奈川湊を中心とする地域が小さな町にすぎないことに不満を示したのである。当時、ハリスは、江戸を外国人に開くことを求めており、江戸が開かれない場合は、品川宿を開港することを要求していた。確かに、神奈川湊を中心とする地域には大きな「町場」があったが、江戸にくらべれば、その町は小さな在郷町にすぎなかった。

そのため、ハリスは、「神奈川港」の資本力が弱いことを指摘し、開港しても「神奈川港」では、年間五万両程度の貿易しかできないであろうと主張した。これに対し、幕府は「神奈川港」が開かれれば、多数の江戸商人が「神奈川港」へ移住する予定であり、ハリスの危惧は問題にならないと反論した。こうして、会談は難航をきわめ、開港場は容易に決定しなかった。

ところで、幕府が、江戸や品川宿を貿易の場所として選択しなかったのは、幕府内部に、外国人の江戸居住に強く反対する人々がいたからであった。たとえば、勘定奉行をつとめた水野忠徳も、その一人であり、彼は、外国の外交官が江戸に駐在することに強く反対した。また、彼は、朝廷の所在地であった京都に近い大坂を開港場にすることにも反対し、開港場を紀伊半島のどこかに置くべきであると主張した。(14) はたして、水野の意見がどれほど一般的なものであったのか、具体的には分からないが、「夷狄」である外国人を将軍のお膝元である江戸に入れるべきではないという一種の「国民感情」が作られていたことは間違いない。

岩瀬も、こうした「国民感情」には配慮せざるをえず、経済的な利権を江戸に集中できる場所で、かつ江戸ではない横浜を開港場に選ぶことになった。もちろん、ハリスは、その後も江戸を開くことを要求し続けたが、幕府も、これを強硬に拒否し続けた。こうして、最終的には、日米両国の妥協案に近いものが作られ、一八五九（安政六）年七月中に「神奈川港」を開港することが決定した。また、ハリスが求めた江戸での貿易は数年後に延期されることになった。ともあれ、こうした交渉の結果、神奈川宿から横浜村にかけての一帯のどこかに開港場が設置されることになり、この地域は、再び国際的な脚光を浴びることになった。

三　開港場横浜の登場

日米修好通商条約が締結されたのは、一八五八年七月二九日（安政五年六月一九日）のことで、この直後から日本はオランダ・ロシア・イギリス・フランスとも同様の通商条約を結んでいった。しかし、この段階では神奈川地域のどこに開港場を設置するのかについては決まっていなかった。そのため、開港場の具体的な場所については、その後の課題とされ、幕府内部でも、さまざまな意見が闘わされた。開港場の場所について公式の議論が始まったのは、一八五八年九月一〇日で、この日、外国奉行永井尚志・岩瀬忠震らは大老・老中と協議をおこない、この協議の中で横浜村を開港場とすることがようやく決定した(15)。

当初、岩瀬らは、神奈川宿に開港場を置くことを主張していたが、この意見は大老井伊直弼によって拒否された。そのため、この日の協議を経て「横浜開港場案」が幕府の正式な提案になった。この日の記録では、井伊が神奈川宿に開港場を置けば、東海道の通行に支障がおこると述べているから、彼は外国人と日本人との接触をできるだけ避けたいと考えたといえる。しかし、このような井伊の考え方は、神奈川宿を開港場にすべきであると主張するハリスの猛烈な反対にあってしまい、その後の日米交渉は容易に進展しなかった。

幕府が、ハリスに「横浜開港場案」を正式に提議したのは一八五九年三月五日（安政六年二月一日）で、この日の会談の様子を記した史料（『幕末外国関係文書　二二巻』東京大学出版会、一九七六年）が残っている。この史料によれば、ハリスは横浜村の海岸部が良港であることを認めながらも、この村が東海道から数キロメートルも離れていることに強い不満を表明した。また、横浜村から神奈川宿までの間には川や山坂があり、交通がきわめて不便であることを指摘した。さらに、ハリスは横浜村が寒村であり、神奈川宿のように家並みもなく往来の人々も少ないと述べている。そのため、ハリスは、開港場の候補地として神奈川宿内の二カ所の場所をあげ、神奈川宿内に開港場を設けることを強く要求した。

こうして、ハリスは、幕府の提議した「横浜開港場案」と激しく対立した。また、こうした対立は、その後の日米会談でも解消されず、この問題は決定を見ないまま、七月一日の開港を迎えた。その間、幕府と外国側は各自の主張に基づき別々の行動を起こしていくことになった。まず、幕府の側では、外国奉行が三月二六日に横浜村を開港場とする開港場建設計画を建議し、外国側の了解を得ないまま横浜村に開港場を建設した。一方、「横浜開港場案」に反対するアメリカは、神奈川宿に開港場を設けるという主張を堅持し、領事館を神奈川宿内に設置した。また、アメリカの方針に同調した諸外国の領事館も神奈川宿に置かれた。

しかし、両者の対立は、開港後、内外商人が横浜を開港場として選択したため、なし崩し的に解消することになった。まず、日本側の商人は、幕府の計画に基づき横浜に建物を建設し始め、七月一日までに多数の商人が移住した。一方、開港直後から相次いで来日した諸外国の商人も大きな船が陸地近くに停泊できる横浜を好むようになり、オランダ・イギリス・アメリカなどの商人が横浜に建物を借りるようになった。こうして、事実上、横浜は開港場として機能するようになり、貿易も横浜でおこなわれることになった。ここにおいて、ハリスやイギリス総領事オールコックも従来の態度を変えざるをえなくなり、一八六〇（万延元）年初頭には、横浜に住みたいという外国商人の請願をオールコックが認めることになった。こうして、横浜は、名実ともに日本を代表する国際港になり、この町は、流通と交通の一大拠点として発展することを約束された。

四　開港場を支えたもの

通商条約締結の過程で、ハリスが「神奈川開港案」に対し強硬な反対をおこなったにもかかわらず、「外務官僚」たちが最後まで主張を変えなかった理由の一つに、彼らが「神奈川地域」に開港場を支える多種多様な基盤があることを熟知していたことがあった。具体的には、交通・運輸の諸手段が宿場や湊にあること、船乗りや荷物運搬に従事する労働者が存在することなどが、彼らの「神奈川地域」を開港場に推す理由のひとつになった。

また、実際、開港場周辺の宿場や湊はさまざまな形で開港場を支え、そうした様相を伝える史料が残されることになった。たとえば、横浜が開港した直前の一八五九（安政六）年六月、外国奉行は一冊の上申書（『幕末外国関係文書　二三巻』東京大学出版会、一九五二年）を老中に提出し、その中で、開港場を維持していくためには東海道沿いの地域の協力が不可欠であると述べた。

具体的な協力の内容については記していないが、「開港場は神奈川宿と保土ケ谷宿との間に位置し、今後、開港場が繁栄するかどうかは両宿場といかにして密接な関係を作れるかにかかっている」と述べている。また、開港後、この地域を支配した神奈川奉行は、さまざまな経済統制や治安維持に関する文書を東海道沿いの宿場や村々に出したが、こうした文書の中には東海道沿いの地域が開港場を支えていたことを具体的に伝えるものがある。

たとえば、神奈川宿の本陣をつとめた家には、神奈川宿の源蔵という運送業者が外国人に大豆と麦粉の運搬を依頼された際に、これらの品物を盗み取ったことを記した文書（神奈川県立公文書館蔵「神奈川宿本陣文書」）がある。この文書は、宿場の住民が開港場での荷物運搬に進出したことを伝えている。また、神奈川奉行が一八六七年三月一一日（慶応三年二月六日）に作成した市街地造成工事に関する文書（横浜開港資料館蔵「関口銈家文書」）には、開港場周辺に居住する農民や漁民が「土方稼ぎ」や船を使っての資材運搬に従事したことが記されている。

さらに、一八六〇年五月二六日（万延元年四月六日）に神奈川奉行所が支配地に出した文書（神奈川県立公文書館蔵「神奈川宿本陣文書」）には、奉行所の蔵米（奉行所が保管する米）が神奈川宿出身の横浜商人の世話で東海道沿いに店を持つ商人に有料で払い下げられたことが記されている。この文書には、米の購入を希望する者は入札に加わるようにと記され、東海道沿いの地域に居住する商人が、奉行所の財政と密接な関係を持っていたことを知ることができる。

こうした史料を読んでいると、江戸時代に一定程度の経済的な発展を遂げていた東海道沿いの地域が、開港場の維持に大きな役割を果たしていたことが分かる。また、幕府が、開港場の場所を決定するにあたって、江戸以外の場所で選択するとすれば、東京湾内で最も産業基盤が整備された「神奈川地域」を選ぶことが最良の選択であったことがよく分かる。言葉を変えるならば、横浜が開港場となったのは必然であったといえるのかもしれない。

【参考文献】

（１）　下山治久「戦国時代の神奈川湊」（横浜開港資料館編『江戸湾の歴史』同館、一九九〇年）。
（２）　西川武臣『江戸内湾の湊と流通』（岩田書院、一九九九三年）第一章。

（3）斎藤善之『内海船と幕藩制市場の解体』（柏書房、一九九四年）。

（4）前掲『江戸内湾の湊と流通』第二〜四章。

（5）西川武臣「幕末期の神奈川湊」（『開港のひろば　三〇号』横浜開港資料館、一九九〇年）。

（6）『綾瀬市史　六巻』（綾瀬市、一九九九年）第二編第三章。

（7）『藤沢市史　二巻』（藤沢市、一九七三年）。

（8）前掲『江戸内湾の湊と流通』第三章。

（9）同前、第四章。

（10）『徴発物件一覧表』（クレス出版、一九九八年）。

（11）『横浜市史　二巻』（横浜市、一九五九年）第一編第二章。

（12）同前。

（13）西川武臣「横浜開港と神奈川宿」（山本光正編『東海道神奈川宿の都市的展開』文献出版、一九九六年）。

（14）前掲『横浜市史　二巻』第一編第二章。

（15）同前。

第2章　幕末・明治の動乱の中で

第一節　進む土木工事と運輸の活性化

一　江戸の防衛と台場の建設

ペリー来航後、江戸を中心とする地域の経済は著しく活性化したといわれている。特に、運輸・建設に関しては、さまざまな土木工事が続いたため、この地域の労働市場は大きく拡大し、多くの人々が仕事を求めて、この地域にやって来るようになった。その始まりは、幕府が、「首都」であった江戸を「黒船」から防衛するために、台場（砲台）を築き始めたことで、これ以後、明治初年に至るまで多種多様な土木工事が相次いだ。工事の「施工主」は、幕府であったり、幕府から命令を受けた諸藩であったりしたが、いずれにしても、土木工事は、経済の活性化をともなう巨大な「公共工事」であった。

たとえば、一八五三（嘉永六）年に建設が着手された品川台場は、幕府の直轄事業であり、その築造費用は七五万両に達した(1)。品川台場の場合、複数の台場が長期にわたって築造されたため、費用も嵩んだが、小さな台場でも、数万両の費用がかかることは珍しいことではなかった。また、台場は、海中に築造されることが多く、海面を埋め立てる必要上、大量の土砂や石材が使用された。そのため、台場の建設は、土砂や石材の生産地にも大きな影響を与えた。

さらに、建設資材を運搬する船が必要とされ、東京湾から相模湾にかけての一帯では、多くの船が資材の運搬に従事することになった。また、材木や石材の生産地、台場の現場にも、多くの労働者（大工・鳶・石工・左官・土方など）が集まり、この地域は、「台場景気」とでも呼べるような活況を呈することになった。ここでは、そうした様相を具体的に紹介し、貿易開始による経済の活性化へと続く横浜開港の「前史」を眺めてみたい。

二　台場建設に従事した農民や漁民

横浜市磯子区の旧家堤真和氏の家には、土木工事によって経済が活性化していく様子を現在に伝える大量の史料が残されている。これは、同家の一〇代目の当主であった磯右衛門が、台場の築造に使用された「土丹岩」の伐り出しと輸送に従事したためで、この史料から工事の経過を知ることができる。ここでいう「土丹岩」とは、現在の横浜市南部から三浦半島にかけての山から伐り出される粘土質の土のことで、台場の埋め立てに利用された建設資材であった。

幕府や諸藩は、台場建設にあたって、江戸の土木業者などに工事を請け負わせたが、そうした業者は、「土丹岩」の伐り出しと輸送を、農民や漁民に下請けさせた。堤も、そうした「下請け業者」の一人であり、彼は、近隣の農民たちとともに、品川台場や神奈川台場の建設に従事した。堤が、最初に工事を請け負ったのは、一八五三（嘉永六）年秋のことで、そのきっかけは、ペリー艦隊の来航であった。

この年の七月に東京湾に侵入したペリー艦隊は翌年の再来を予告して東京湾を離れていったが、これに対し幕府は江戸を防衛するため品川沖に一一カ所の台場を建設することを計画した。この工事は九月に着手され、一一カ所の台場のうち、第一・第二・第三の三つの台場から建設が始まった。

この時、堤は村人七名と隣村の農民四名の合計一一名で、「土丹岩」の伐り出しと輸送を請け負った。「土丹岩」の伐り出し場所は、堤が居住した武蔵国久良岐郡磯子村（横浜市磯子区）の山であり、ここから船を利用して「土丹岩」を品川沖まで輸送することになった。

当時、作成された史料によれば、磯子村の山には一〇万坪の「土丹岩」があり（一坪は一間四方の岩のことで、約一・八メートルの三乗の大きさ）、計画では一坪当たり銀三二匁の代金で岩を伐り出し、品川までの船賃が銀四〇匁であった。また、農民たちは、工事に必要な資金を共同で出資し、損失が出た場合も、共同で請け負うことを決めている。

はたして、彼らが、「土丹岩」の伐り出しと運搬から、どの程度の収益を上げたのかは知ることが出来ない。しかし、同時期に作成された見積書には、岩の伐り出し賃として四〇〇〇両、運賃として六〇〇〇両が支払われると記したものがある。この額から土方や石工の賃金、船の調達費や船頭の賃金などを差し引いた額が、農民たちの収益になったはずである。

三　「土丹岩」を運んだ船と労働者

台場の建設に従事した人々が、東京湾沿岸に、どれほど存在したのか、具体的なことは分からない。しかし、横浜市の海岸部から三浦半島にかけて、幕末期に、いくつかの「土丹岩」の伐り出し場が設置されたようである。それぞれの伐り出し場の規模はさまざまであったが、堤が経営した磯子村の伐り出し場の場合、数百人程度の労働者が働いていた。また、堤の伐り出し場所では、伐り出し場が二〇以上の組に分けられ、各組ごとに作業が進められた。各組に組織された労働者の人数は不明であるが、一日に多い時には一組当たり二〇坪以上の「土丹岩」を伐り出している。さらに、労働者の中には、群馬県や静岡県出身の者も見られるから、仕事を求めて各地からやって来た人々が、台場建設現場で働いたことになる。

これに加えて、「土丹岩」を運ぶ船の数もかなりの数に達した。たとえば、堤は、品川台場に続いて神奈川台場の工事にも参加したが、一八五九年一〇月三日（安政六年九月八日）から一六日までの一四日間で、約三九四坪の「土丹岩」を二七〇艘の船を使って神奈川台場まで運んでいる。一日平均一九艘の船を使ったことになり、一艘に一坪から二坪の「土丹岩」を乗せた。また、神奈川台場全体では、約三万坪（約二〇万立方メートル）の「土丹岩」を必要としたから、品川台場より規模の小さな台場でも、「土丹岩」を運ぶ船が、延べ数万艘は必要だったことになる。

船の種類については記した史料がないが、二人乗り程度の小さな漁船でも、一坪から二坪の「土丹岩」を運ぶことができたと考えられ、こうした船が雇用されたようである。また、前章で述べたように、東京湾内には、大量の船が存在したから、各湊の船が運搬に動員された。堤の場合は、地元の船に加えて、羽田（東京都大田区）から現在の千葉市や富津市の湊の船に輸送を依頼した。

さらに、堤は、船が不足した場合に、相模湾に面した須賀湊（平塚市）の船も使っていたから、台場建設の影響はかなり広い範囲に及んだようである。また、一八六二（文久二）年に記された手紙には、漁師たちが漁の忙しい時に、船を貸してくれないことがあると記され、台場建設が、漁業にも影響を与えるほど、運輸を活性化させたことをうかがうことができる。

四　最初の都市計画

品川台場が建設されていた頃、幕府は、横浜開港に向けて、着々と準備を進めていた。開港前の横浜村は、一〇〇戸ほどの家しかない寒村であったが、幕府は、この場所に開港場を作ることを強硬に主張した。そのため、一八五八（安政五）年暮れから、幕府役人による横浜村の視察が始まり、視察に基づき開港場建設計画が立案された。開港場建設は、台場建設とならぶ主要な土木工事であり、この工事も地域の経済に大きな影響を与えた。

幕府が開港場建設に着手したのは、一八五八年一一月三〇日（安政五年一〇月二五日）のことで、この日、複数の幕府役人が横浜村を訪れ、その一人であった勘定所の役人が、一冊の報告書（彦根城博物館蔵「井伊家文書」）を大老井伊直弼に提出した。この報告書は、横浜の都市計画について記したもっとも古いものであり、その後、開港場の建設は、この報告書に基づいておこなわれた。報告書によれば、開港場を作るにあたって、最大の問題は、東海道と横浜を結ぶ道を、どこに造成するかであった。

そもそも、江戸時代において、神奈川宿から横浜に向かう簡便な方法は小船を利用することであった。しかし、定期的な航路があるわけではなく、そのたびごとに神奈川宿で漁船を雇うことが多かった。また、陸路もあったが道は細く、交通は不便であった。そのため、横浜を江戸の外港とするには、「一級国道」である東海道と接続する新たな道を設けることが不可欠であった。報告書によれば、勘定所の役人は、外国奉行や目付とともに、東海道を視察し、神奈川宿と保土ケ谷宿との間に位置する芝生村から「横浜道」と呼ばれる新道を作ることを決定した。

次に、市街地の建設計画であるが、勘定所の役人は、一一月三〇日の夜に外国奉行の宿を訪ね、市街地の建設予定地について協議した。協議の中心は、外国人居留地をどこに置くかで、外国奉行井上信濃守や水野筑後守が具体的に意見を述べた。市街地のあり方については、運上所（神奈川奉行所の出張所、外交や関税に関する事務を扱った役所）を境にして、一方を外国人居留地、一方を「日本人町」にするのが良いと記されている。

さらに、居留地の広さについては、勘定所の役人が一万坪の広さを予定したいと述べたところ、井上が一万坪では不足するであろうと答えたとある。この時、井上は一カ国につき、一〇〇〇坪の土地を用意しても、一万坪では一〇カ国分にしかならないと述べているから、彼は、この段階で一〇カ国以上の国と交易することを想定していたことになる。

ともあれ、こうした協議ののち、勘定所の役人は、実際に横浜村に出向き、波止場・番所・外国人居留地・「日本人町」などの地割を実施した。また、彼らは、のちに神奈川奉行所が置かれることになった戸部村でも、奉行所建設予定地の視察をおこなった。こうして、開港場建設は、しだいに具体化されることになった。

五　相次ぐ建設工事の中で

横浜において、実際に市街地建設が始まったのは、一八五九（安政六）年に入ってからであった。この時、幕府は、工事内容を広く公開し、工事を請け負うことを希望する者に対し、入札に参加することを求めた。この求めに応じ、関東各地の人々が、開港場の建設という「国家事業」に参加することになった。

現在、工事のすべてについて明らかにできるわけではないが、いくつかの工事については、落札者や落札価格が判明している。表2-1は、その一部を書き上げたもので、一八五九年五月一二日（安政六年四月一〇日）に幕府に報告された工事の内訳である。この時、落札された工事だけでも、九件で二万九〇〇〇両以上に達し、台場建設とならんで、開港場建設が大きな「公共事業」であったことが分かる。

また、工事の落札者についても、判明する場合があり、もっとも多額の工事費を必要とした波止場の築造は、現在の埼玉県深谷市の農民が請け負った。一方、横浜周辺の村に居住する人々も入札に参加したようで、芝生村から横浜に向かう古道の修築は、現在の横浜市中区に位置する村の農民が落札した[2]。さらに、落札者には江戸の商人もみられ、当時、開港場の建設工事が関東一円で大きな話題になっていたことをうかがわせる。

　また、前項で紹介した堤も、開港場建設工事に参加し、同家に関係史料が残されている。史料によれば、堤は、居留地海岸部の石垣の築造工事を落札した野毛町（横浜市中区）の農民の下請けとして工事に参加し、磯子村から「土丹岩」を横浜まで運んでいる。この時の伐り出し工事は二四日間続き、延べ七一二人が工事に従事した（一日平均三〇人）。台場建設よりは規模が小さかったが、かなりの資金が投下されたことは間違いない。

表２－１　開港場建設工事の内訳

	工事内容	落札値段
1	奉行所関係の用地整地	約　311両３分
2	役人官舎の用地整地	約　88両３分
3	戸部町地内道路拡張	約　210両
4	門番所など建設	1,885両
5	橋・築堤工事	1,700両
6	波止場築造	16,080両
7	芝生村からの古道修築	4,470両
8	官舎建設	4,480両
9	地所埋立工事	53両
合計		29,278両

出所：『図説横浜の歴史』（横浜市，1989年）191頁より。

六　横須賀製鉄所の建設

　一八六五年一一月一五日（慶応元年九月二七日）、今度は横須賀（横須賀市）において、大規模な土木工事が始まった。この工事は、幕府の製鉄所（造船所のこと、当時の人々は造船所のことを製鉄所と呼んだ）を設立することを目的におこなわれ、この工事も地域経済に大きな影響を与えた。当時、幕府は、日本の近代化のために、蒸気船を自前で建造することが急務と考え、フランスから技師を招き、幕府直営の造船所を設立しようとしていた。この計画に基づき設立されたのが横須賀製鉄所であり、この製鉄所は、最終的に明治政府に引き継がれた。

　製鉄所が置かれたのは、現在のＪＲ横須賀線横須賀駅付近の海岸で、湾を埋め立て、いくつかの造船に関する施設を置くことが計画された。また、工事は一八七一（明治四）年まで続き、この間、大量の建設資材が使用された。工事の規模は大きく、幕府が見積もった工事経費は、約一三万両に達した。また、その後も、追加の経費が計上され続けたといわれている。

建築資材については、森田朋子氏の研究があり(3)、大量の石灰・火山灰・土石が各地から横須賀に運ばれたことが判明している。この内、石灰は、製鉄所の建物の建設資材として使用されたレンガの原料で、現在の栃木県佐野市から運ばれた。

また、火山灰は、レンガを接合させるモルタルやセメントの原料であり、伊豆半島から運ばれた。森田氏は、工事を請け負った商人が、現在の静岡県東伊豆町に位置する片瀬村や稲取村に出向いて、火山灰出荷についての交渉をしたことを紹介しているから、火山灰は相模灘に面した湊から送られたようである。また、一部の火山灰は、伊豆大島からも輸送され、レンガ製造に活用された。

さらに、製鉄所では、ドックの底に敷く石材が必要とされ、これらの石材は、神奈川県西部地域で調達された。この地域では堅い岩石が多く産出し、各地の土木工事で使用されたが、製鉄所の場合は、現在の神奈川県真鶴町や小田原市南部の根府川湊から岩が送られた。また、東京湾岸地域で産出する大量の「土丹岩」も埋め立てに使用された。残念ながら、横須賀製鉄所の建設工事にどれほどの船が動員されたのかを示すことはできない。しかし、かなりの数の和船が、さまざまな資材を運んだようである。

第二節　開港場に移住する人々

一　拡大する市街地

このように、相次ぐ土木工事によって地域の経済は大いに活性化したが、そうした様相を一層推し進めたのが横浜の都市化であった。この町での人口の急増と貿易の開始は、物資の流通と交通・運輸を著しく盛んにし、短期間に、この町は多くの人々の注目を浴びるようになった。では、この町の都市化は、どのような過程で進んだのだろうか。

そもそも横浜という都市は、他所から移住した人々で人口の大部分が占められたといわれている。その移住は、開港の直前から始まり、一八八〇年代にかけて横浜の市街地はしだいに拡大した。一八六四（元治元）年に記された史料によれば、この年の市街地の日本人人口は約一万二〇〇〇人であったが、その後、横浜の人口は急増し、一八七五（明治八）年には約六万三〇〇〇人の人口を抱えることになった。さらに、市制施行後の一八九三（明治二六）年の人口は一四万三〇〇〇人を超えるに至った。(4)

また、開港当初の横浜には、大きな資本を有する貿易商人から小商人や職人、さらには多くの肉体労働者など、さまざまな階層の人々が移住したが、彼らは相互に密接な関係を持ちながら、横浜という都市を支えていくことになった。一方、開港当初の横浜には、海岸通・北仲通・本町通・南仲通・弁天通の五筋の道があり、市街地はこの五筋の道を中心に拡大した。

また、この五筋の道には一丁目から五丁目の五つの町が置かれ、各町境には西横丁・東横丁が置かれた。開港当初の市街地は、ゆっくり歩いても三〇分もあればひと回りできる範囲であったが、人口の急増にともない市街地も増加し、一八八〇年代初頭には、四〇を超える町を有することになった。こうして、この町は、神奈川県を代表する都市に成長した。

二　来住者の様相

開港当初の横浜には、どのような人々が、どこから移住したのだろうか。この点について記した史料に、一八六五（元治二）年に作成された「五丁目人別帳」と呼ばれる「戸籍」（長野県辰野町、小野忠秋氏蔵）がある。この「戸籍」は、五丁目に住んでいた住民の階層構成や住民の出身地を記したもので、この史料を利用して、開港直後の横浜市街地の様子を知ることができる。

表2-2は、「五丁目人別帳」に記載された住民を道筋別に示したものである。この表によれば、五丁目には一七三戸の家があり、六六一人が居住していた。また、表2-3は、五丁目における階層構成を示すもので、地所拝借人六二軒と借家一一一軒がいたことが分かる。地所拝借人という名称は聞きなれない言葉であるが、幕府から土地を拝借している商人のことで、借家とは地所拝借人から家を借りている人々のことであった。また、地

表2－2　市街地の戸数と人数

地区名	戸数	人数	男	女
本町通	25戸	121人	92人	29人
弁天通	44	153	102	51
海岸通	5	29	19	10
南仲通	39	136	75	61
北仲通	6	18	9	9
東横丁	30	109	78	31
西横丁	24	95	50	45
合計	173	661	425	236

出所：「五丁目人別帳」（小野忠秋氏蔵）より作成。

表2－3　市街地住民の階層構成

地区名	地所拝借人	借家
本町通	19軒	6軒
弁天通	15	29
海岸通	3	2
南仲通	8	31
北仲通	1	5
東横丁	8	22
西横丁	8	16
合計	62	111

出所：表2－2と同資料より作成。

表2－4　来住者の出身地一覧

国名	人数	国名	人数	国名	人数
武蔵	373（人）	近江	8	陸奥	2
信濃	42	阿波	8	能登	2
伊豆	38	越中	7	佐渡	2
相模	31	遠江	7	甲斐	1
越後	25	伊勢	6	紀伊	1
駿河	23	三河	5	土佐	1
上野	14	摂津	5	肥前	1
上総	14	美濃	4	豊前	1
下野	11	安房	3	常陸	1
尾張	10	飛騨	3	合計	661
下総	10	越前	2		

所拝借人には貿易商人が多く、市街地は、地所拝借人を中核として、これに倍する借家人の来住によって形成された。

　横浜の場合、幕末から明治初年の古記録があまり残っていないため、地所拝借人や借家人の人数の変遷については、分からない点が多い。しかし、明治時代になっても、地所拝借人の系譜を引く貿易商人の人数は、それほど増加していないから、横浜での人口急増の原因は借家人の流入にあったと考えられる。

　次に、表2－4は、「五丁目人別帳」に記載された六六一人を出身地別に区分したものである。この中で特に多いのは武蔵国内からの移住者で三七三人、全体の約五割を占めている。次いで、信濃国四二人、伊豆国三八人、相模国三一人、越後国二五人、駿河国二三人、上野国一四人、上総国一四人、下野国一一人で、この九カ国からの移住者で全体の八割以上を占めた。

　この表から、横浜への移住者には関東・甲信越出身者が、多かったことを指摘できる。また、表には示さなかったが、武蔵国内からの移住者の内、江戸からの移住者がもっとも多く、二一一人に達した。さらに、江戸を除いた武蔵国内からの移住者一六二人の内訳は、橘樹郡五四人、荏原郡二六人、多摩郡二一人、久良岐郡二〇人、葛飾郡八人、児玉郡七人、秩父郡七人、足立郡六人、入間郡五人、都筑郡二人、不明六人になっており、横浜周辺地域（橘樹郡・久良岐郡）からの移住が多かったことを示している。

このほか、地方都市からの移住者も多く、東海道の宿場であった神奈川宿から三四人、品川宿から一四人、府中宿から一〇人、小田原宿から六人、戸塚宿から三人、保土ケ谷宿・由比宿・岡部宿から各一人の移住者をみることができる。また、港町・城下町・門前町（下田・長岡・福井・富山・柏崎・善光寺）などからも移住があった。

ところで、全国各地から人々が移住したことは、横浜を起点とする交通・通信網をしだいに整備させることになった。横浜に移住した人々は、故郷と深い関係を持っており、こうした人々が続々と移住することによって、横浜と各地を結ぶ交通・通信網の整備が求められるようになった。また、こうした人々を通じて、国際情報や横浜情報が各地に伝達された。

三 さまざまな職業

開港後の横浜での人口増加は、きわめて激しい。では、移住者は、どのような仕事を求めて、この町に移住したのだろうか。表2-5は、一八五九（安政六）年七月から一八六九（明治元）年二月までの約一〇年間に、横浜の常清寺という寺院に埋葬された人および施主の職業を示したものである。(5) この表は、限られた人々の職業を分析したものにすぎないが、それでも市街地の職業構成を推測することが可能である。

表では、全部で一一二九人の横浜移住者の職業を示したが、この内、「埋葬台帳」に屋号しか記されていない人物があり、こうした人物を商人として処理したため、実際に職業が判明する者は、商人を除いた六四二人である。この中で、もっとも多い職業は、遊郭関係者と遊女であり、両者で一七三人に達した。これは、この寺が遊郭に隣接した地域にあったためで、遊郭関係者の菩提を弔うことが多かったことによっている。

また、収録された業種は、全部で八三業種に達し、市街地に多種多様な職業があったことが分かる。遊郭関係者を除けば、大工・鳶・石工・左官などの職人とさまざまな小商人が目立っている。なかには、飛脚屋・石船・運送方頭・船乗りなどの運輸・交通関係の業種もみられ、商業都市らしい職業構成になっている。

表2－5　物故者あるいは施主の職業一覧

職　業	人数	職　業	人数	職　業	人数	職　業	人数
商人	487	瓦師	4	鋳物師	2	砂糖屋	1
遊廓関係者	98	料理人	4	湯屋	2	足袋渡世	1
遊女	75	汁粉屋	4	釘屋	2	駕籠屋	1
大工	67	自身番	4	煙草屋	2	舟大工	1
鳶	55	藩士	4	歩兵	2	花屋	1
奉行所役人	49	菓子屋	3	通辞奉公人	2	車屋	1
奉行所下番	31	時計屋	3	本屋	2	洗濯屋	1
家主	24	水菓子屋	3	木銭宿	1	百姓	1
土方	18	小間物屋	3	米つき	1	荒物屋	1
仕立屋	17	床屋	3	木挽	1	飴屋	1
石工・石屋	15	傘屋	3	針屋	1	板木屋	1
建具屋	13	提灯屋	3	石船	1	屋根屋	1
左官	11	鞘師	3	芝居出稼	1	仏師	1
指物屋	9	道具屋	3	待合茶屋	1	古着屋	1
鮨屋	9	畳屋	3	髪結床	1	運送方頭	1
八百屋	8	魚屋	2	張物屋	1	袋物屋	1
植木屋	7	炭屋	2	門番	1	下駄屋	1
船乗り	6	縫箔屋	2	団子屋	1	刀屋	1
厩	6	芸者	2	煮物渡世	1	不明	714
異人使用人	5	按摩	2	味噌屋	1	合　計	1,843
餅屋	4	瀬戸物屋	2	座頭	1		
軽子	4	飛脚屋	2	木具師	1		

注：屋号を持つ者を商人とした。
出所：常清寺「埋葬台帳」より作成。

小商人の扱い品には住民が日常的に消費した品物を多く見ることができ、この表を眺めていると、この町が発展するためには、基幹産業であった貿易が隆盛すると同時に、日常消費物資を供給する小商人の存在が不可欠であったことがよく分かる。

四　インフラストラクチュアの整備

一八八〇年代、横浜の人口は一〇万人を超えた。また、同時期の貿易も、年によって若干の増減はあるものの増加を続け、一八八〇年代半ばには、輸出総額が二四〇〇万円、輸入総額が一九〇〇万円を超えるに至った。(6) さらに、横浜の都市化は、近代的な通信・交通手段の整備を推し進めた。もっとも早くに整備されたのは電信で、一八七〇年一月(明治二年一二月)に横浜・東京間が開設された。

また、一八七三(明治六)年には東京・長崎間に電信が開通し、すでに海底線が敷設されていた長崎・上海の電信と接続した。こうして、横浜は、電信によって海外と結ばれた。さらに、一八七一（明治四）年からは、政府によって郵便制度も発足し、一八七三年には北海道の一部を除き、ほぼ全国に郵便路線がしかれた。

これに加えて、近代的な交通手段も整備され、一八六八（慶応四）年に稲川丸という小蒸気船が江戸・横浜間に就航した。その後、数艘の蒸気船がこの航路に就航したが、一八七二年に日本で最初の鉄道が品川・横浜間に敷設されると、蒸気船による旅客輸送は減少し、しだいに鉄道に代わられた。また、鉄道の敷設は、その後も続き、一八八九（明治二二）年には神奈川県西部の御殿場（御殿場市）まで鉄道が延ばされた。

一方、横浜市街地では、この時期に多くの運輸業者が活動を始めた。たとえば、一八八一（明治一四）年に刊行された『横浜商人録』（大日本商人録社発行）には、博労・廻漕・貸車・運送を業務とする八一の事業所が収録されている。なかには、全国に輸送網を持つ内国通運会社の横浜店もみられ、横浜が全国的な交通・運輸網に位置づけられた様子をうかがうことができる。

第三節　飛脚の世界

一　飛脚問屋京屋の開店

このように開港後、横浜は急激に都市化し、それにともない多種多様な交通・運輸手段の整備が進められた。その過程については後章で詳述するが、ここでは少し時間を戻し、開港直後から明治初年にかけての通信手段を題材に、横浜が情報発信の基地になっていく過程を眺めてみたい。

横浜は商業都市であり、開港当初から商業通信の需要が大きかった。そのため、飛脚問屋の進出もきわめて早く、江戸日本橋（東京都中央区）に本店を持っていた飛脚問屋の京屋が、神奈川宿に支店を開いたのは、一八五九（安政六）年の秋であった。その後、この店は、横浜から発信される手紙や為替の輸送業務に大きな位置を占めた。

支店を横浜ではなく神奈川宿に置いた理由は分からな

いが、従来から東海道を利用して手紙を運んでいたことが、宿場を活動拠点にした理由かもしれない。また、この時、神奈川宿の役人が神奈川奉行所に提出した史料には、京屋の江戸本店で働いていた人物が神奈川宿に派遣されたと記されている。さらに、開店後、京屋は、横浜の得意先を回り、手紙の集配にあたるようになり、現在でも京屋が運んだ手紙が各地から見つかることがある。

また、横浜の旧家山室宗作家からは、京屋が配った「引き札」（ビラ）が発見されている。この「引き札」によれば、京屋は配達先ごとに一カ月に六回、得意先を回り手紙を集めた。また、この時、各地から横浜に送られた手紙を届けている。集荷日は、現在の群馬県高崎市を中心とする地域が、毎月五と一〇の日（五日・一〇日・一五日・二〇日・二五日・三〇日）であり、群馬県桐生市を中心とする地域は四と一〇の日（四日・一〇日・一四日・二〇日・二四日・三〇日）であった。このほか、京・大坂・東北へ送られる手紙も、それぞれ集荷日が定められた。

さらに、輸送経路も、配達先ごとに決められ、桐生市周辺に送られる手紙の場合は、神奈川宿支店を経て、いったん、江戸本店に集められ、再度、桐生方面に転送された。おそらく、この時、江戸本店では、各地から送られた手紙が、配達先ごとに再区分され、地域ごとに纏めて輸送されたと考えられる。一方、横浜に送られる手紙も、桐生市周辺から送られたものは本店を経由したようである。

残念ながら、他の地域への集荷方法や輸送方法は「引き札」に記されていないが、おそらく同様の方法が取られたと考えられる。また、京屋は、東北・甲信越・近畿にかけて、かなりの数の支店を持っており、横浜からの手紙も広範囲に送られたことは間違いない。

二　京屋が運んだ手紙

横浜から送られた手紙が、輸出品の生産地で見つかることも多いが、近年、群馬県勢多郡新里村から、京屋が運んだ大量の手紙が発見された。手紙を所蔵していたのは、同村の旧家吉田重雄家で、手紙は、同家の分家で幕末に横浜へ移住した生糸貿易商吉村屋の人々が郷里に送ったものであった。発見された手紙は、全部で一〇〇〇通を超え、手紙の発見は、横浜と生糸生産地であった群馬県が密接な関係を持っていたことを現在に伝えることになった。

また、これらの手紙は、横浜開港資料館によって解読され、六〇〇通近い手紙が、同館発行の史料集に収録された[(7)]。史料集によれば、手紙には、商売上のさまざまな情報を伝えたものが多いが、なかには親族間の心温まる内容のものもある。また、手紙が書かれたのは、一八六八（慶応四）年から一八七二（明治五）年の約五年間に集中しているが、これは、一八七二年に、吉村屋の親や兄弟がすべて横浜に移住したことによっている。ちなみに、この時、吉村屋の弟が、本家に手紙を預けたと伝えられる。

また、残された手紙には「京屋便りをもって一筆啓上」と記されたものが多く、これらの手紙を京屋が運んだことが分かる。さらに、吉村屋の出身地は、桐生市の近隣であったから、横浜での集荷日は四と一〇の日であり、手紙にも「四日出し」とか「一四日出し」と記されたものがある。また、手紙から輸送日数を知ることができ、五日間程度で群馬県まで到着した。現在の郵便にくらべれば、少々遅いが、京屋による飛脚の定期路線化は、群馬県出身の横浜住民にとって、大変喜ばしいことであったと思われる。

三　情報化が進む中で

吉田家に残された手紙は大量であり、そこに記された情報もきわめて多い。これは、当時の人々が、さまざまな出来事を頻繁に手紙に認めたためで、そうした情報が、群馬県の人々の経済活動や暮らしに大きな影響を与えた。たとえば、吉村屋では、定期的に横浜での生糸相場を郷里の人々に報告したが、この報告に基づき生糸の集荷がおこなわれることが多かった。

当時、吉村屋は郷里の村々から大量の生糸を集荷しており、多くの荷主と取引関係を持っていた。また、荷主たちは、横浜での生糸相場に強い関心を持ち、吉村屋からの情報を求めていた。そのため、吉村屋は、父親や兄弟のもとに相場報告書を送付し、この報告書を荷主に転送することを依頼した。

報告書には、産地ごとに生糸の種類が記され、それぞれ一〇〇斤（六〇キログラム）当たりの価格がドルで表示された。また、価格は、実際に横浜でおこなわれた外国商館との取引価格を表示し、生糸を購入した外国商館の名前や生糸を出荷した荷主の名前が付記された。

さらに、日本の貨幣と国際通貨との為替相場も報告され、荷主たちは、報告書を読むことによって、横浜の経済情勢を克明に知ることができた。たとえば、一八六八年五月三〇日（慶応四年閏四月九日）の報告書では、「百四十六番、前橋、八〇〇枚、三善、洋四十三匁」（外国商館の商館番号、販売した生糸の種類、販売価格、荷主名、為替相場の順）と記され、一四六番商館に前橋糸と呼ばれる生糸が一〇〇斤当たり八〇〇ドルで販売されたことを伝えている。また、荷主は三善という人物で、為替相場は一ドル当たり銀四三匁であった。

これに加えて、報告書に添付された手紙が、相場の急落などを具体的に伝えることもあり、飛脚が運ぶ情報は、荷主の生活を左右するほど重要なものになった。ちなみに、吉村屋の出身地は、新里村の隣に位置する大間々町であったが、この町は、前橋町（前橋市）とならんで、群馬県を代表する生糸の集散地であった。そのため、この町には多くの生糸商人が居住し、そうした商人はこぞって生糸を吉村屋に出荷した。また、吉村屋は、これらの生糸を遠く海外に輸出したが、こうした輸出体制を、飛脚の定期路線が根底から支えたといえるのかもしれない。

四　手紙が報せた普仏戦争

一八七〇年八月一七日（明治三年七月二一日）、吉村屋の当主幸兵衛は、一通の手紙を郷里の弟に発送した。この日は、定期便の集荷日ではなかったが、「仕立飛脚」と呼ばれる臨時便が差し向けられた。これが、ヨーロッパでのフランスとプロシャとの戦争勃発を、吉村屋の荷主に伝えた最初の手紙になった。

当時、戦争の当事者であったフランスは、生糸の一大輸入国であったが、戦争の勃発によって、フランスが生糸の輸入を停止する可能性があった。そのため、吉村屋は、この情報を入手すると同時に飛脚を差し向け、生糸の集荷を見合わせることを指示したのである。

手紙によれば、戦争勃発の情報を横浜にもたらしたのは、八月一六日に横浜港に入った外国船で、この情報は、たちまちの内に横浜市中を駆け巡った。外国商館は、直ちに生糸や蚕種（蚕の卵のことで、生糸とならぶ主要な輸出品であった）の買入れを中止し、日本人貿易商のもとには取引の停止が伝えられた。また、遊郭などの繁華街では客がいなくなり、貿易商の店では店員たちの仕事がなくなった。

一方、横浜での取引停止を知った生糸や蚕種の生産地の人々は、なんとかして戦争の情報を入手しようとした。そのため、彼らは、横浜の貿易商に情報を定期的に送ってくれるように依頼し、これ以後、横浜から大量の戦争情報が送られることになった。また、この頃、電信は日本に届いていなかったため、情報は外国船が運んだが、貿易商たちは、外国船の乗組員から情報を手に入れることに苦慮するようになった。

しかし、乗組員からの又聞きとはいえ、入手した情報には正確なものが多く、九月二七日に記された手紙では、フランス皇帝ナポレオン三世がプロシャ軍に降伏したことまで詳細に報じている。実際の降伏の日は九月二日であり、約一カ月遅れの情報ではあったが、人々が正しく戦況を把握していたことが分かる。情報化社会の到来は、われわれが思っているよりも早いスピードで進展し、一般の商人が、フランス皇帝の動向を知らなければ損をしてしまうような時代が生まれようとしていた。

五　幕末・明治の手紙を読む

このように、京屋が横浜から運んだ情報には、商業活動に役立つものが多かったが、このほか、国際都市横浜の様子を具体的に記したものもあった。これらの手紙は、横浜に移住した人々が、新しい文物に触れ、その驚きを他の人々に伝えたものであったが、手紙から、横浜の都市化の様子や人々の暮らし振りを具体的に知ることができる。そこで、最後に、こうした情報を記した手紙をいくつか紹介したい。なお、当時の手紙の雰囲気を味わうため、やや煩雑ではあるが、できるだけ原文に近い形で手紙を抄録した。

まず、一番目の手紙（吉田重雄氏蔵）は、一八六〇年九月八日（万延元年七月二三日）に書かれたもので、筆者は外国奉行鳥居越前守の家臣であった林勇右衛門という人物である。主人が外国奉行という役職柄、林は主人に従って度々横浜に出向き、開港当初の横浜の様子を手紙に認め知人に送った。ここに紹介する手紙は、その中の一通で、当時の横浜の生活環境について述べたものである。

「横浜表の宿所、蚊・蝿たくさんと申すことに御座候、大きなる山を切り崩し、右土を埋め、家居を建て候こと故、蚤は一切居り申さず。蚊も、この間の雨にて一切居り申さず、夜中は蛾もこれなし。蝿の義は、海が近き故か、たくさんにて、毎日、三百ほども打ち捨て候えども、茶など汲み置きなどは、二、三疋は飛び込み相果て、三度の食事も余程気をつけ申さずなどは相なり申さず。夜中、その蝿相付き、困りおり候。水いたって悪く、塩気はこれなく候えども、田の中へ井戸を掘り、鉄気強く、それ故、石・砂たくさん先方へ入れ候ところ、同様よろしくこれなし。またまた、石出し、なおまた深く掘らせ候えども、同様にて、右井戸より出し候石、一日の内に赤錆申し候。御庭周り水つかまつり候ところ、砂利真っ赤にて錆び、右の水故、腹張り、困り入り申し候。風呂に入り、朝の洗顔にてもまことに、洗顔中ひりひり痛み申し候」

この手紙から、当時の横浜には蝿が多かったことが分かる。彼は、毎日、三〇〇疋もの蝿を打ち捨てていると述べ、食事の際にも蝿が茶碗に飛び込み、ゆっくり食べていられないと報じている。また、飲料水については、鉄分が強く、飲むと腹が張って困るとあり、この水で顔を洗うとひりひり痛むとも書かれている。こうした情報は、横浜に居なければ分からないものであり、開港直後の市街地の様子を伝える貴重な史料である。

次に、二番目の手紙であるが、この手紙は、一八六八年一一月二一日（明治元年一〇月八日）に書かれたものである。筆者は、前項で紹介した吉村屋の番頭で、手紙は、横浜住民の生活感覚について記している。

「まことに御当港は穏やかにて、なんにても別条もこれなし。世間付き合い、または、近所に如何様のこと、これあり候ても何にても差し構え、これなし。とかく面倒これなく、至極便利に候。もっとも、江戸とも違い、ご案内の通り、地狭のところに御座候えども、隣知らずにて御座候」

記述の中で、特に興味深い点は、横浜では面倒な世間付き合いがないので暮らしやすいと書いている点である。また、彼は、横浜は、江戸よりも狭いにもかかわらず、「隣知らず」と隣に誰が住んでいるのか分からないことがあると述べている。こうした現象は、横浜に古くからの共同体が存在しないことによって引き起こされたが、そこには現在の都市生活者と同様の意識をみることができる。

六　西欧化の中で

次に、飛脚が運んだ西洋の文物についても触れておきたい。幕末から明治初年の横浜は、西洋の文物を全国に伝える情報発信基地の役割を果たしていた。そのため、手紙が運ばれる道は、横浜から西洋の文化や風習が運ばれるルートにもなっていた。特に、横浜との経済的な結びつきが強い地域では、横浜から移入された品物や横浜で刊行された新聞などが大量にみつかることも珍しいことではない。

また、横浜から送られた手紙の中で、西洋の文物が紹介されることもあり、手紙そのものが、西洋化に大きな役割を果たすこともあった。たとえば、一八七一年秋、吉村屋の当主の父親は、郷里の嫁に牛肉の味噌漬けを送っている。荷物に同封された手紙では「まことに牛はよろしく薬になり」と、牛肉が滋養あふれる食品であると紹介している。さらに、孫娘が牛肉を食べるようになってから太ってきたことや、牛肉が大好物になったことが記されている。

また、牛乳については、同年冬の手紙に、「横浜の小児は牛の乳にて育つ者多し、まことに丈夫に育ち」とあり、母乳の不足している女性に牛乳での子育てを勧めている。さらに、西洋の風俗については、同時期に記された父親の手紙に、「ざんぎり頭」について記したものがあり、「横浜・東京、追々男女共、髪を切り」と「ざんぎり頭」の流行を伝えている。

これに加えて、西洋の社会体制について記したものもあり、アメリカ大統領選挙の結果を聞いた父親は、手紙の中で、「今度、当選した大統領は、日本でいえば酒屋の息子であり、一般庶民が政治家になった」と驚きの声を上げている。さらに、日本最初の女子留学生が横浜から海外に出航した際の手紙では、国内旅行よりも海外旅行の方が簡単になったと記している。

個々の手紙が、手紙を読んだ人々に、どのような影響を与えたのかを知ることはできない。しかし、飛脚が運んだ手紙が、横浜から遠く離れた地域も国際化させたことは間違いない。こうして、手紙が送られれば送られるほど、横浜の人々と地方の人々は、より近い感覚を共有することになった。

第四節　幕末の東海道

一　激動の時代を迎えて

以上、横浜での情報化の進展を紹介し、開港後、横浜と地方が密接な関係を持つことになったことを明らかにしたが、次に、そうした情報が運ばれた道である東海道に目を転じてみよう。当時の東海道は、「首都」である江戸と外交の拠点であった横浜を結ぶ「一級国道」であった。そのため、この道を外国人・幕臣・公家・諸藩の藩士が頻繁に通行し、彼らをめぐってさまざまな事件が東海道で発生することになった。

そもそも、江戸時代の東海道は、江戸と京を結ぶ「政治の道」として発展してきた。街道沿いには多くの宿場が置かれ、宿場には参勤交代の大名、幕府や諸藩の役人などが利用する宿泊施設などが設置された。また、江戸時代後期になると、一般の人々も東海道を旅行するようになり、各地の名所・旧跡を巡る人々が行き交うことになった。こうした道が、幕末期にさまざまな事件の舞台になったことは、社会に大きな影響を与えた。

街道を行き交う人々は、日本のあり方を左右するような大事件の発生に驚くと同時に、変わりゆく時代を感じ取ることになった。また、東海道で発生した事件は、事件に遭遇した人々によって全国各地に伝えられた。こうして、東海道は、交通手段としてだけでなく、社会体制の急激な変化を人々に実感させる役割を果たすようになった。

これに加えて、外国人の住む町が横浜に建設されたことによって、東海道は横浜見物に訪れる人々が行き交う道になった。横浜は、日本の中に作られた「外国」であり、人々は横浜を訪れることによって「国際旅行」をしたかのような気持ちを味わうことができた。そのため、この町には多くの日本人が訪れるようになり、東海道はこうした人々で賑わうことになった。

二　黒船渡来と東海道

東海道が国際化の舞台になったのは一九世紀に入ってからで、一八一八（文政元）年以降、相次いで黒船が東京湾に来航するようになってからであった。これ以降、東京湾は黒船の来航によって著しい緊張に包まれるようになり、沿岸住民は不安な日々をおくるようになった。たとえば、一八四六（弘化三）年に、アメリカ合衆国のビッドル艦隊が横須賀市の沖合に来航した際のことを記した史料には（横浜開港資料館蔵「関口日記」）、警備にあたる諸藩の藩兵が江戸藩邸を出発し、続々と東海道を西に進む様子が記されている。彼らの中には、水盃をして出発した者もいたと伝えられ、通行を目の当たりにした旅人や東海道沿いの住民は、緊迫した雰囲気を強く感じた。

また、一八五四（嘉永七）年に横浜に来航したペリー艦隊の場合には、東海道からほど近い地点に二カ月近くの間、黒船が停泊し続けたから、その衝撃も大きかった。この時、東海道は、黒船見物の場所になり、ペリー艦隊が望める地点には見物人が押し寄せたと伝えられる。

さらに、ペリー一行が日米和親条約締結のために、毎日のように横浜村に上陸するようになると、外国人に対する興味はいやがうえにも高まり、和親条約締結の過程で、なにか特別の行事がおこなわれた際には、東海道を通って「江戸はもちろん一〇里・二〇里離れた所からも見物人が押し寄せる」ようになった。(8)

三　行き交う外国人

こうして東海道は、日本人が国際化を実感する場所になったが、こうした状況はその後も変わらなかった。たとえば、一八五六（安政三）年に初代アメリカ総領事として下田に赴任したハリスは、一八五七年に通商条約を締結するために江戸に向かったが、ハリスが通った道も東海道であった。ハリスの日記によれば、一行は大名行列のように「下に、下に」と声を掛けながら東海道を進んでいる。(9)また、ハリスの後ろには、二人の武士に守られたアメリカ国旗が続いていた。こうした情景は、当時の人々にとって珍しいものであり、沿道には多くの見物人が集まった。はたして、見物人たちが、ハリスの通行をどのように感じたのかは分からない。しかし、大名のように行列を仕立てて進むアメリカ人の姿を眺め、時代が大きく変わったことを感じ取ったことは間違いない。

さらに、横浜開港後になると、東海道は諸外国の外交官が通行する道になった。彼らは、外交交渉や各地への視察に出向く道として東海道を利用しただけでなく、富士登山や熱海などへ湯治に行く道として東海道を利用した。また、諸外国が現在の東京都港区の寺院に公使館を相次いで設置するようになると、開港場横浜と公使館の連絡などのため、さまざまな外交官が東海道を行き交うことになった。

一方、外交官以外の一般の外国人が、東海道を利用することも多かった。これは、開港場から一〇里（約四〇キロメートル）以内の地域が外国人の遊歩区域に定められたためで、外国人は東海道を利用して各地の名所・旧跡を訪れた。遊歩区域内で人気のあった場所は江ノ島と鎌倉で、東海道はそこに至る主要なルートであった。また、東海道を馬で散策する外国人も多く、川崎宿や藤沢宿まで足を伸ばすことも珍しいことではなかった。

四　観光地横浜の誕生

このように、東海道は外国人と出会う場所のひとつになったが、直接、横浜に出向いて外国人を見物しようとする人もいた。当時、横浜には、条約を締結した国（アメリカ・イギリス・フランス・オランダ・ロシアなど）の外国人のほか、多数の中国人や黒人が居住し、その人数は数百人に達していた。また、横浜は、東海道から歩いて一時間ほどの距離であったから、東海道を行き交う旅人が旅の途中で「外国人見物」に立ち寄ることが多かった。

東海道から横浜へ入るルートは二つあり、そのひとつは神奈川宿から船に乗り換えて横浜の渡船場に渡るものであり、もうひとつは開港にともない建設された新道を通るルートであった。これら横浜へ至る道中については、横浜を訪れた旅人の日記、戯作者が書いた文芸作品、横浜を紹介した見聞誌などに詳しい記述があるが、いずれにしても、多くの人々が横浜を訪れたことは間違いない。

なかには、名古屋（愛知県）に居住していた尼僧が横浜で外国人の乗る馬に踏みつけられて死亡したことを記した記録や熊本城下（熊本県）の商人が横浜見物に訪れたことを伝える記録もあるから、「横浜観光」のブームは、遠く離れた地域にまで及んでいたようである。

はたして、当時の人々にとって横浜の魅力がなんだったのか、そのすべてに答えることは簡単ではない。しかし、外国の文物や外国人に直接接することができることは、大きな魅力であった。また、「横浜観光」のブームが、横浜を起点とする人々の動きを著しく活性化させたことは間違いなさそうである。

五　「助郷」負担の急増

東海道が江戸と横浜を結ぶ道として重要性を増しつつあった頃、幕府は東海道を利用する公用通行の急増という事態に頭を悩ませていた。そもそも、東海道は幕臣・藩士・公家などが公用で旅行するための道であった。そのため、彼らは、宿場に常備された人馬を優先的に利用することができ、宿場の人馬に不足を生じた際には、周辺の村々からも人馬を徴発することができた。周辺村々から徴発された人馬のことを「助郷」と呼んだが、公用

表2-6　「海岸巡見」に派遣された役人と人数

役職名	人数	随行員の人数
勘定奉行	1人	43人
西丸留守居	1	41
勘定吟味役	1	29
目付	2	76
鉄砲方	2	72
勘定組頭	1	7
勘定方	3	15
徒目付	1	4
鉄砲方組与力	2	26
勘定吟味役下役	1	5
御普請役	1	8
小人目付	1	7
鉄砲方組同心	2	16
代官	1	10
合　計	20	359

出所：『綾瀬市史　6巻』762頁第31表を引用。

通行の急増は村々の「助郷」負担を著しく増加させた。たとえば、従来から「助郷」をつとめていた村では負担が重くなり、「助郷」を負担する村の数も増加した。なかには、遠方のため、実際に人馬を宿場に提供できない村もあらわれ、負担量に見合った金を支払うこともあった。

通行量が増加した原因は、政局の混乱や海防の強化などであり、各役所の連絡や各地の巡見に赴くために東海道を通行する諸役人の数は飛躍的に多くなった。また、これにともない、農民たちは「助郷」負担の軽減を強く求めることになった。さらに、こうした状況は明治維新後も続き、最終的には「助郷」に依存しない近代的な運輸・交通システムが明治政府によって作られるようになった。

「助郷」の軽減が社会問題になり始めたのは、一九世紀半ばのことで、この頃から「助郷免除」の願書が各地で幕府や旗本に提出されるようになった。たとえば、神奈川県綾瀬市の旧家小柳家には、一八五〇年七月二四日（嘉永三年六月一六日）に記された「助郷」負担軽減についての願書が残されている(10)。この願書は、領主である旗本大沢氏に提出されたもので、同年に実施された幕府役人による「海岸巡見」（海防を実施する上で重要と思われる地点の視察）に関するものであった。

願書によれば、幕府は幕府役人の荷物を運ぶための「人足」（荷物運搬労働者）の提供を求めており、小柳家が居住する蓼川村では三〇人の「人足」が徴発された。また、この時、「海岸巡見」に派遣された幕府役人の総人数は三七九人と多人数であり（表2-6）、江戸を出発した一行は、現在の横浜市南部の海岸部一帯を巡見することになっていた。「助郷」を命じられた村の数は不明であるが、蓼川村以外にも多くの村が「助郷」負担を命じられたと考えられる。

こうした負担は、その後も続き、ペリー艦隊が来航した一八五三年には蓼川村の年間「助郷」負担量が延べ千人を超えた。当時、蓼川村の戸数は約六〇戸であったから、一軒の農家が年間延べ一七人程度の荷物運搬労働者を提供したことになる。なかには、「助郷」負担が出来なかったために、妻子を連れて出奔した農民もいたから、「助郷」負担の急増は農民たちにとって死活問題になっていた。

六　将軍の上洛と長州征伐

では、実際の「助郷」負担は、どのようにおこなわれたのだろうか。たとえば、一八六三（文久三）年に将軍家茂が上洛した際にも、多くの村々が「助郷」を負担した。この時の上洛は、将軍が朝廷と攘夷についての協議をすることを目的としたが、一行は随行する大名を含めて三千人を超えた。将軍が江戸城を出発したのは三月三一日で、将軍出発の通知を受けた各宿場では、直ちに荷物を運搬するための準備を開始した。

しかし、宿場に備えられた分だけでは不足を生じたため、各宿場は周辺の村々に対し「助郷」の提供を求めることになった。この時の様子についても、蓼川村の記録があるが、現在の綾瀬市域の村々では戸塚宿に「助郷」を提供している。その際、作成された台帳には、将軍出発の直前から荷物運搬が開始され、蓼川村では三月三一日に五五人の「人足」と三頭の馬を戸塚宿に提供するように命じられた。また、彼らは、その後、連日、戸塚宿から藤沢宿まで上洛一行の荷物を運んでいる。

綾瀬市域から戸塚宿まで、直線距離にしても一〇キロメートル以上あり、農民たちにとって、宿場に至るだけでも大変な仕事であった。また、こうした大通行はその後も続き、一八六四（元治元）年には第一次長州征伐に向かう幕府軍が東海道を通行し、この時も多くの「助郷」が徴発された。また、一八六五（慶応元）年には第二次長州征伐にともない将軍が再び上洛している。さらに、その四年後には戊辰戦争が勃発し、新政府軍が「助郷」を徴発しながら進軍したから、農民たちは毎年のように続く大通行に苦しみ続けたことになる。

【参考文献】

（1）『品川区史　通史編　上巻』（品川区、一九七三年）、近世編（八）。
（2）阿部征寛編「堀口貞明関係文書」（『横浜開港資料館紀要』八号、横浜開港資料館、一九九一年）。
（3）森田朋子「幕末維新期の建設請負業者」（横浜開港資料館・横浜近世史研究会共編『日記が語る一九世紀の横浜』山川出版社、一九九八年）。
（4）『共武政表』・『徴発物件一覧表』（クレス出版、一九九八年）。
（5）西川武臣「幕末の横浜市街地の住民構造」（『横浜開港資料館紀要　一四号』横浜開港資料館、一八九六年）
（6）『横浜市史　二巻』（横浜市、一九五九年）第二編第四章、『横浜市史　三巻下』（横浜市、一九六三年）第四編第一章。
（7）横浜開港資料館編『吉村屋幸兵衛関係書簡』（横浜開港資料館、一九八七年）。
（8）文部省編『大日本維新史料』（文部省、一九四三年）第二編の四。
（9）坂田精一訳『日本滞在記』（岩波書店、一九五三～五四年）。
（10）『綾瀬市史　六巻』（綾瀬市、一九九九年）。

第3章　変わる交通手段

第一節　和船から蒸気船へ

一　伝統の交通手段を利用して

開港直後から横浜と各地を結ぶ交通手段は、飛躍的に便利になった。特に、首都である江戸と横浜を結ぶ交通手段は、短期間に大きな変貌を遂げた。もちろん、蒸気船や汽車のような新しい交通手段が登場するのは、もう少し後のことであったが、それでも人々は旧来からの交通手段を利用して、横浜との関係を深めていった。そのため、この地域ではさまざまな交通手段が新設されたが、最初に整備されたのは神奈川宿と横浜を結ぶ和船を利用した旅客用の渡船であった。

一九〇九（明治四二）年に刊行された『横浜開港側面史』によれば、渡船を経営したのは横浜村の漁師たちで、五〇艘以上の漁船が開港直後から日々運航した。また、神奈川宿猟師町の名主は、一八六八（慶応四）年八月に新政府に提出した書類（東京都公文書館蔵「神奈川往復書状留」）の中で、神奈川宿の漁民が渡船を経営したと述べており、航路の起点と終点にあたる神奈川宿と横浜の漁民たちによって航路が開かれたようである。

使われた船については、具体的に記した史料が残っていないが、小さな和船（漁船）で一回に七、八人程度の旅客を運んだようである。当時、神奈川宿から横浜までは約三〇分の船旅であったから、こうした船がピストン輸送をすることによって、大量の人員を運んだと考えられる。

一方、東海道から陸路で横浜へ入るルートは、渡船よりも少し遅れて整備された。幕府は、開港に先立ち東海道と横浜を結ぶ「横浜道」と呼ばれる新道を建設したが、この道は急造されたためか、開設当初は設備が整っていなかった。ある史料には、途中に架けられた橋が仮橋であったため、大きな荷物を通すことができなかったとある。また、東海道の分岐点から横浜市街地まで約四キロメートルの道のりであったが、開設当初は途中に休息できる場所もなかったようである。

この道が、整備され始めたのは一八六〇（万延元）年頃からで、この頃から健脚な旅人は、丘の上を通る「横浜道」からの景色を楽しみながら横浜へ入ることも多くなった。また、この時期に出版された『横浜開港見聞誌』という案内誌は、この道沿いに茶店や旅籠が建ち並び、横浜市街地に入る地点には、酒店・鮨屋・水菓子屋が軒を並べたと紹介している。

二　蒸気船による旅客の輸送

このように、交通手段の整備は、神奈川宿から横浜に至るルート（渡船と新道）の設置によって始まった。これにより、横浜へ入る交通手段は便利になったが、神奈川宿までのルートは、江戸時代初頭に作られた東海道を歩くことが唯一のものであった。これは、幕府が東海道の各宿場を保護するために、船による旅客運送を禁止していたためで、開港後も横浜へ赴く旅人は陸路を行くことを余儀なくされた。もちろん、旅人が「貨物船」に便乗することもあったが、そうした行為は原則として認められていなかった。

しかし、こうした状況は明治維新後に一変し、新政府が船旅に対する規制をなくしたため、船を利用した旅客輸送が開始された。(1)最初に船を使った旅客輸送を始めたのは江戸商人の伊藤次兵衛で、彼はアメリカ人から蒸気船を購入し稲川丸と名付け、一八六八年三月二日（慶応四年二月九日）に、江戸永代橋（東京都江東区・中央区）と横浜とを結ぶ航路を開設した。また、実際の運航業務は江戸の廻漕問屋松坂屋弥兵衛が請け負い、一日二往復の運航が開始された。

同船については、東京都公文書館が所蔵する「神奈川往復書状留」と題された記録に詳しい記述があり、船の長さが約二五メートル、幅が約六メートル、三五馬力の蒸気機関と五枚の帆を持っていたことが分かっている。この船は、当時の船としてはそれほど大きなものではなかったが、江戸と横浜を結ぶ最初の蒸気船として大きな話題を呼んだ。

また、就航直後に配られた「引き札」（ビラ）には、約二時間で江戸と横浜を結ぶとあり、この船の就航により江戸から横浜に至る時間は大幅に短縮された。しかし、料金は一人片道銀二〇匁（当時、二〇匁あれば米が一〇キログラム程度は買えた）であり、かなりの高額であった。

三　和船による旅客の輸送

稲川丸が運航を始めた直後、今度は和船による旅客の輸送が始まった。この時、旅客輸送を始めたのは神奈川宿猟師町の住民で、一八六八（慶応四）年八月に、従来江戸へ魚を運ぶために使用していた「押送船」と呼ばれる船を利用して旅客の輸送を開始した（東京都公文書館蔵「神奈川往復書状留」）。

また、旅客の輸送は稲川丸の就航に対抗しておこなわれ、この時、新政府に提出された「営業許可願」には、彼らが神奈川宿と横浜との渡船業務を開港以来おこなってきたことが強調されている。つまり、彼らは稲川丸が就航することによって渡船の利用客が減ることを恐れたのであり、新航路の開設に生き残りを賭けたのである。また、運賃は稲川丸よりも安い銀一二匁であり、蒸気船よりは時間がかかったものの低料金をアピールした。

ともあれ、この願書は八月二二日に新政府に受理され、その後、稲川丸と同様、江戸永代橋と横浜との間に航路が新設された。[2] はたして、和船が稲川丸に対抗できたのかどうかについては不明であるが、一八七一（明治四）年にも江戸の運送業者が東京と横浜を結ぶ航路に八本の櫓を持つ和船を就航させているから、その後も蒸気船と和船は激しい旅客の獲得競争を繰り広げたのかもしれない。

四　相次ぐ蒸気船の就航

京浜間航路において、本格的な蒸気船の時代を迎えたのは、一八六九（明治二）年春以降のことで、表3-1は、一八六九年春から翌年冬までに旅客の運送を開始した蒸気船の一覧である。表には、全部で七艘の蒸気船が掲げてあるが、当時の史料には、このほか数艘の蒸気船が定期的に旅客を運送していたと記したものがある。

これらの船の内、もっとも早く就航したのは、東京の船方用達の持ち船ホタル号で、この船が運航を開始したのは稲川丸が就航して約一年後のことであった。船主の船方用達とは、江戸時代に江戸において廻船問屋をつと

表3－1　1869年以降，京浜間航路に就航した蒸気船

船　名	船　主	船主住所
ホタル	船方用達	東京
カナガワ	G. W. ホイトほか	横浜
シティ・オブ・エド	G. W. ホイトほか	横浜
弘明丸	鈴木保兵衛ほか	横浜
オーヘン丸	J. アルマンド	横浜
キンサツ丸	J. アルマンド	横浜
明石丸		

出所：東京都公文書館蔵「神奈川往復書状留」・「達掛合」より作成。

めた人々で、全部で五四人の人々が共同で横浜の外国商館から長さ約一四メートルの小蒸気船を購入して同航路に進出した。

また、カナガワ号とシティ・オブ・エド号は、横浜に居住するアメリカ人が所有する船であり、カナガワ号は長さ約二〇メートルの船で、五〇人程度の乗客を乗せることができた。一方、シティ・オブ・エド号は約一五〇人の乗客を乗せることができたから、カナガワ号よりも大きな船であった。さらに、弘明丸は横須賀製鉄所（横須賀造船所）で製造された船であり、四〇馬力の蒸気機関を持っていた。乗客の人数については分かっていないが、カナガワ号の倍程度の大きさと伝えられ、一〇〇人程度の乗客を乗せることができたと思われる。

最後に、オーヘン丸とキンサツ丸は、横浜に居住するアメリカ人が所有する蒸気船で、オーヘン丸が総積高一五〇トン、キンサツ丸が総積高七五トンであった。はたして、これらの船が、毎日どれほどの乗客を輸送したのか、具体的には分からない。しかし、平均して一艘の船が八〇人程度の乗客を乗せ、一日一往復したと想定すれば、表に掲げた船だけでも、一日一〇〇〇人以上の人々が蒸気船を利用できたことになる。

また、船主の利益については、一八六九年初頭の記録（東京都公文書館蔵「神奈川往復書状留」）があり、一日一二〇人の乗客を片道一分二朱の運賃で運んだ場合、必要経費を差し引いて一日で四五両の利益があると見積もっている。当時、新造の小さな蒸気船が数万両で購入できたから、この見積の通りに利潤が上がれば、数年あれば元が取れたということになる。

五　蒸気船の乗組員と「蒸気船規則」

このように蒸気船の利用は急激に拡大したが、それにともない蒸気機関を運転できる日本人技術者もしだいに増加した。たとえば、一八七〇年八月（明治三年七月）に運航許可を得た弘明丸の場合も、日本人だけで運航がおこなわれた。残された史料（東京都公文書館蔵「達掛合」）によれば、就航当初の六〇日間は、この船を製造した横須賀製鉄所のお雇い外国人であるフランス人が日本人技術者の指導にあたったが、その後は日本人が運航のすべてを扱ったようである。

また、乗組員には、横須賀製鉄所で勤務した経験を持つ者や稲川丸や外国人の所有する蒸気船に乗っていた者が多く、こうした経験を積むことによって、しだいに技術者が養成されたと考えられる。さらに、「乗組員名簿」（同上「達掛合」）によれば、弘明丸の乗組員は全部で一三名であり、この内、九名が東京湾岸地域の漁村や湊の出身者で占められた。それぞれの人物の具体的な事歴については分からないが、江戸時代以来の流通・交通の拠点であった地域の人々が新しい交通手段の担い手になったようである。

また、当時、配られた「引き札」には、「弘明丸が横須賀製鉄所で建造された新造船であり、きわめて美しい内装を持っている」と記されているから、こうした最新の船に乗り組むことができる職業は、地域住民にとっても憧れだったのかもしれない。一方、政府も、日本人技術者の育成には積極的であり、弘明丸の場合、船主の要請を受け、先に述べたように、六〇日間、政府が雇ったお雇い外国人が弘明丸に派遣された。

さらに、京浜間航路に就航する蒸気船が増加するのにともない、政府は、蒸気船運航に関する規則（同上「達掛合」）を制定した。この規則では、蒸気船の運航について東京と横浜の運上所（東京府および神奈川県の出先機関）が管轄することが定められ、「乗客名簿」をこれらの役所に提出することが決められた。

六　シティ・オブ・エド号の「乗客名簿」

こうして京浜間では蒸気船の利用が多くなったが、一八七〇年八月一日（明治三年七月五日）、G・W・ホイトが所有するシティ・オブ・エド号が、出航直後に蒸気機関の破裂事故を起こし、沈没するという大事故が発生した。沈没地点は築地からほど近い場所で、乗組員・乗客一六六人の内、一四三人が死傷した。この事故は、京浜間航路に蒸気船が就航して最初の人身事故であったが、この事故が発生したことにより、さまざまな人々が蒸気船を利用しているという事実が内外に知られることになった。

表3－2　シティ・オブ・エド号の乗客居住地

東京	68人	甲斐国	3人	上野国高崎町	1人
横浜	36人	下野国寒川郡	2人	上野国新田郡	1人
武蔵国幡羅郡	12人	北海道箱館	2人	相模国戸塚宿	1人
アメリカ人	5人	信濃国小県郡	2人	神奈川県役人	1入
イギリス人	5人	京都	2人	三河国碧海郡	1人
大坂	5人	諸藩藩士	2人	伊勢国松坂町	1人
政府役人	4人	武蔵国久良岐郡	1人	陸奥国盛岡町	1人

出所：東京都公文書館蔵「府治類纂」より作成。

表3－2は、事故の調査報告書(「乗客名簿」)から作成した乗客の一覧である。表では、乗客の居住地ごとに人数を集計したが、横浜を訪れた日本全国の人々が蒸気船を利用していたことが分かる。また、乗客には五名のアメリカ人と五名のイギリス人がみられ、外国人の利用も多かったことを推測させる。さらに、政府や神奈川県の役人も乗船し、東海道に替わって公用通行に蒸気船が利用され始めたことをうかがわせる。一方、東京や横浜の住民には商人と思われる人物が多く、商用での出張に蒸気船が利用されることが多かったようである。

この事故が起きた直後に、神奈川県権知事であった井関盛良は、京浜間に蒸気船が多数就航している現状に対し、これ以上、蒸気船の就航を許可すれば、経営が成り立たなくなる船もあらわれるだろうと述べたが、シティ・オブ・エド号の「乗客名簿」を眺めていると、蒸気船の利用は活況を呈しており、必ずしも井関の予想が当たってはいないように感じられる。実際に蒸気船の利用が減少したのは、一八七二(明治五)年の鉄道開通以降のことであり、京浜間においては蒸気船の時代がもうしばらく続くことになった。

七　開港場を結んで

京浜間に蒸気船による定期航路が開設された頃、横浜

図3－1　『横浜毎日新聞』に掲載された太平洋郵船の広告

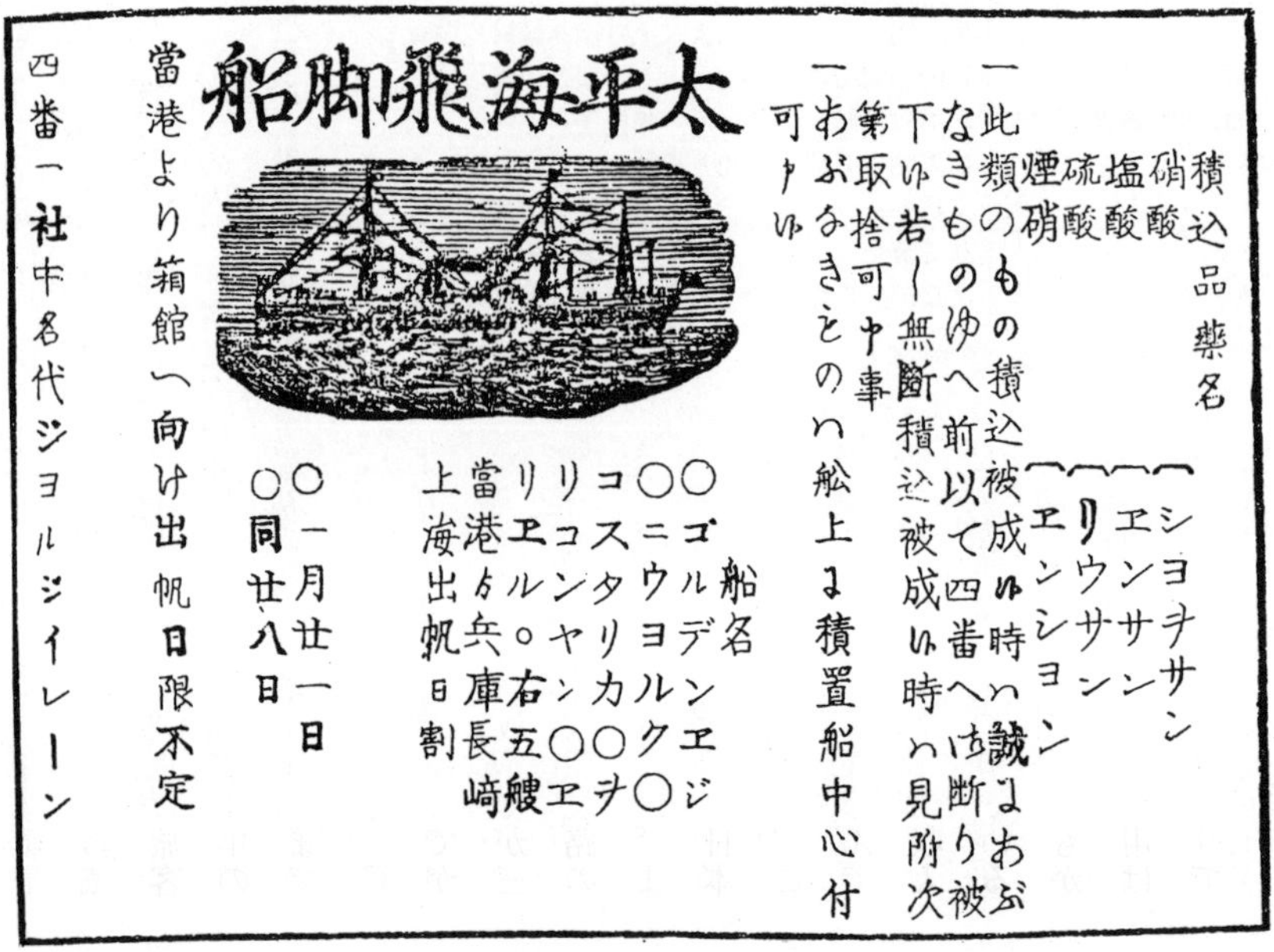

注：1873（明治6）年1月17日号に掲載された。船内への危険物無断持ち込みは禁止すると記されている。
出所：横浜開港資料館蔵。

と国内の開港場（長崎・箱館・神戸など）を結ぶ定期航路にも蒸気船が登場した。もともと、こうした航路には不定期に外国の船会社の所有する蒸気船が就航しており、旅客や物資の輸送に当たっていた。しかし、定期便は存在せず、人々は定期航路の開設を望んでいた。

最初に定期航路を開設したのは、アメリカ合衆国の船会社太平洋郵船で、この会社は、一八六九（明治二）年に横浜・神戸・長崎・上海を結ぶ月二回の定期便を開設した。また、一八七一年には横浜・箱館間にも月一回の航路を開き、各開港場間の物資と旅客の輸送は同社によって担われることになった。太平洋郵船がもっとも活発に旅客を輸送したのは、一八七二（明治五）年頃で、当時、同社は五艘の蒸気船を横浜と上海を結ぶ航路に就航させ、いずれかの船が週一回横浜に寄港した。また、これらの船は上海へ向かう途中に神戸と長崎にも寄港した。

表3－3は、当時、同航路に就航した五艘の

蒸気船の一覧で、いずれの船も二〇〇〇トン近い積載量を持っていた。これらの船は京浜間航路に就航した蒸気船にくらべ、はるかに大きな船であり一度に大量の旅客を輸送することができた。また、運賃は、一八六九年の航路開設当時、上・中・並の三つに区分され、長崎までの運賃の場合、上が二五ドル、中が二〇ドル、並が一〇ドルであった。また、所要時間は、横浜から神戸までが二日、神戸から長崎までが四日、長崎から上海までが三日であった。運賃はかなり高価であったが、定期航路の開設によって、開港場間の移動は大変便利になった。また、同航路について分析した小風秀雅氏は、多くの日本人が同航路を利用し、これが貨物輸送とならんで太平洋郵船の重要な収入源になったと述べているから、高額な運賃にもかかわらず蒸気船の利用は確実に急増したようである。(3)

表3-3　横浜・上海航路に就航した蒸気船

船　名	積載量（トン）
コスタリカ	1,917
オレゴニアン	1,914
ゴールデンエイジ	1,870
アリエイル	1,736
ニューヨーク	2,000

出所：『横浜毎日新聞』明治5年8月2日号より作成。

八　郵便蒸気船会社と三菱汽船会社

このように、各開港場間の旅客輸送は、太平洋郵船による定期航路の開設によって大きく拡大したが、一八七二（明治五）年になると、日本の船会社が同航路に進出し、旅客の獲得をめぐって太平洋郵船と激しい競争を繰り広げた。この時、航路を開いた船会社は日本国郵便蒸気船会社で、同社は、政府が所有する蒸気船の払下げを受けるなどの援助を受け、一八七二年八月に設立された。

同年八月二八日の『横浜毎日新聞』は、同社が東京と大阪・神戸・四日市・清水・下関・長崎・新潟・函館とを結ぶいくつかの航路を開設し、一四艘の蒸気船と五艘の帆船を就航させる予定であると伝えている。また、一〇月三〇日の同紙は、日本国郵便蒸気船会社が毎月四回の定期航路を東京・大阪間に開設したと述べている。さらに、翌年、一月には同社の出張所が横浜に開設され、東京と大阪を結んだ船が横浜にも寄港することになった。これに加え、函館行きの船も横浜に寄港することになり、同港に入る定期船は急増した。

また、一八七五（明治八）年には、三菱汽船会社が国際航路である横浜・上海線を開設し、二月六日には最初の船が横浜港を抜錨した。この船は、神戸・下関・長崎に寄港しながら上海に向かい、これ以後、同社の船が毎週水曜日に横浜と上海の両港から出ることになった。

こうして、各開港場間の交通は一層活性化したが、最終的に開港場間の航路を掌握したのは三菱で、一八七五年五月には、激しい顧客争いに敗れて解散に追い込まれた日本国郵便蒸気船会社の持ち船を引き継いだ。また、太平洋郵船も、運賃引下げ競争の結果、政府の支援を受けた三菱に敗れ、同航路から撤退した。さらに、一八七六年には、イギリスの汽船会社であるP&O汽船が同航路に進出したが、三菱は激烈な競争の末、P&Oも撤退に追い込むことになった。

第二節　馬車の登場

一　開港場と東海道で

次に、陸上での交通手段の近代化に目を転じてみよう。横浜開港後、陸上においても、さまざまな交通手段が登場したが、最初に利用されたのは馬車であった。江戸時代の日本においては、馬車を含む車の利用はほとんど見られなかった。わずかに、京などにおいて牛車が利用されたほか、幕末期に中仙道や東海道、江戸の市街地などで荷車が利用されたにすぎなかった。しかし、横浜開港後、外国人が馬車を開港場に持ち込むようになると、物珍しさも手伝ってか馬車は人々の間で大きな話題になった。

たとえば、一八六二（文久二）年に刊行された横浜の案内誌である『横浜開港見聞誌』には、二人の外国人が一頭立ての馬車に乗っているところが描かれている。絵の説明には「外国人が遊郭から帰宅するところ」と記さ

私の同時代史・二つの日本資本主義講座

柴垣 和夫

今から約二十年前、私は『昭和の歴史九・講和から高度成長へ』（小学館）を執筆した。この書物が対象とした時期の始点、講和が発効した一九五二年に私は東京大学に入学し、終点である安保闘争の一九六〇年は、大学院での院生生活の最後の年であったから、それは文字通り私にとって青春の同時代史であった。私は時々の事象の記述の中に、私自身と私の周辺を潜り込ませた。講和発効の日の本郷キャンパス、夏休みなどを利用した学生の帰郷運動、駒場寮の生活、日本共産党の六全協と学生運動、原水爆禁止三〇〇〇万署名運動の発端と杉並学生の集い、安保改訂条約発効日の国会周辺、などがそれである。その後の時期についても、研究生活との関わりでは、東大停年時の回顧談（『社会科学研究』第四五巻五号、一九九四年所収）や、今春定年となった武蔵大学での最終講義（未刊）で語ってきた。ここでは、それらで触れる余裕のなかった事柄の一端を記してみよう。

私の手元に差出人が東京大学消費生活協同組合と印刷されているペラペラの茶封筒と、そこに入ったガリ版刷りのシートが二枚ある。一枚は日本資本主義講座演習会会報、もう一枚は「演習報告・レジュメ」である。何れも一九五四年四月の日付である。いうまでもなく一九五三年から五五年にかけて岩波書店から刊行された『日本資本主義講座』の読書会関連の文書である。そういえば生協の書籍部がこの講座の普及活動を展開し、私も駒場時代に所属していた学生サークルの歴研が、報告を担当していたのである。また、この講座は刊行前から執筆者集団によ

評論 No.145

2004. 10

日本経済評論社

るテーマごとの研究会が組織されていたが、学生歴研の有志にもその傍聴が許され、未だ木造だった（と思う）岩波書店の二階に通ったことも記憶に残っている。

この『講座』は一般に、一九五〇年に分裂した日本共産党の一方が五一年に採択した「新綱領」の路線を正当化するものとして、戦前以来の講座派系の人々のイニシャティブで編纂されたとされ、それ故、そのあまりにも現実からかけはなれた現状認識と戦術上の極左冒険主義のために新綱領の破綻が明白になった五五年には、完結と同時に見向きもされなくなった、といわれている。だが、今あらためて執筆陣をみてみると意外に幅広く動員されていたことに驚く。講座派に近親性を持つ大塚久雄や大河内一男は当然として、労農派につながると目される鈴木武雄や楫西光速が監修者や編集委員に名を連ねている。編集方針においても、第一巻の「序」で「この講座に参加した専門家は、必ずしも学問的な立場を一つにしていない」「見解の一致と理論的な統一は、出発点として求められるべきではなく――共同研究のなかからつくり出されるものだと信じたからである」と述べられている。しかし、このまことにまっとうな意図が貫徹されず、政治的にねじ曲げられて悲劇的な結末となってしまったのは何故だったのか。

当時は講座派理論に傾倒していた私が、本郷の大内力演習や大学院での宇野（弘蔵）理論との出会いのなかで次第に学んだことは、永らくマルクス主義の世界で信奉されていた「理論と実践との統一」「理論に対する実践の優位」という場合の「理論」に、二つの異質なものが混在していることの発見であった。拙稿「認識の理論と実践の理論」（『唯物史観』第五巻、一九六七年。のち拙著『社会科学の論理』東京大学出版会、一九七九年所収）は、政党の綱領に示されるそれ自体に仮説的な判断を含み、政治的実践でしか検証し得ない運動の理論と、対象の客観的な運動法則と構造を解明する。そして論理の首尾一貫性と実証の正確さによってその当否が争われる認識の理論との区別の重要性を論じたものである。その中で私は、戦前の共産党の三二年テーゼが主張したいわゆる二段連続革命論は、講座派が根拠とした天皇制絶対主義や半封建的地主制からではなく、宇野理論の段階論が明らかにした帝国主義段階における資本主義の不純化と日本資本主義の後進性からこそ根拠づけられることを主張した。この主張は、掲載誌『唯物史観』の主宰者で労農派の泰斗向坂逸郎を激怒させたと聞いたが、その後も講座派系・労農派系の何れにも受け入れられず、宇野理論は一時期新左翼の一部に担がれたのみで、長く異端の境遇におかれたのであった。マルクス経済学、およびそれにもとづく日本資本主義分析の講座がいくつか出版されたが、いずれも各学派の仲間内での営みであった。

時は巡って一九八〇年代初頭、大月書店から『講座・今日の日本資本主義』（全一〇巻、一九八一～八二年）が刊行された。久方ぶりのマルクス経済学とその周辺の諸学派を総動員しての講座であった。大内演習の先輩でもある暉峻衆三さんの熱心なお誘いを受けて、私は大内秀明君を誘って編集委員の一員に名を連ねた。ここでも「この講座は、従来の諸学派の垣根を打ち破り、具体的事実の科学的分析を共同で行い――この共同研究を通して諸学派の理論的一致点を見いだし発展させる努力」が謳われていた。この趣旨から、私は他学派の人と組んでひとつの巻の編集をしたかったが、それはかなわなかった。やむをえず同門の大内秀明君と組んで第四巻『日本資本主義の支配構造』を担当することになったが、同巻の内容に上記の趣旨を可能な限り活かしたつもりである。先輩では吉田震太郎さん、同世代では奥村宏、加藤栄一、兵藤釗、下山房雄、細谷昂、元島邦夫の諸兄、若手では、大川健嗣、相田利雄、館山豊、平本厚、金子勝、金澤史男の諸君の協力を得た。

本書の特色は、二度にわたる石油危機の克服のなかで熟成し、ジャパン・アズ・ナンバーワンと呼ばれた戦後日本資本主義の「全盛時代」の支配構造を、企業システムの直接的生産過程から経済政策の諸相まで、国際的条件と中央・地方の連関を視座に入れて解明しようとしたところにある。その構造が一九九〇年代以降、ソ連型社会主義の崩壊、米国主導の新自由主義とグローバリゼーションの展開のなかで、急速に変容しつつあるのは周知のところであろう。そろそろこの新しい状況を本格的に分析する「新講座」の企画が現れてもよい頃ではないか。そのような機会が訪れれば、私は、拙著『現代資本主義の論理』（日本経済評論社、一九九七年）で、なお生命力を失っていないと主張した「マルクス＝ウノ経済学」をひっさげて、その一翼にはせ参じたいと思う。

［しばがき・かずお／新潟産業大学特任教授］

グローバライゼーションとラテンアメリカの開発思想

今井　圭子

グローバル化が進む中で、経済効率至上主義が支配的になり、自由開放体制のもとでの小さな政府論に基づく市場優先の経済政策が世界を席巻する勢いである。こうした傾向はラテンアメリカにおいても顕著で、対外債務返済不能に陥ったラテンアメリカ諸国の多くは、開発政策の決定権を喪失し、IMFや世界銀行が主導する構造調整政策の導入を余儀なくされ、まさにネオリベラリズム政策の実験場とでも言うべき存在と化した。ところでそうした政策の実施結果をみると、一部に経済成長の進展が見られる反面、大半の国々において発展格差が拡大し、失業、貧困、社会不安等の問題が深刻化している。そしてまた無防備な自由開放政策の断行により過酷な対外競争に晒された国内経済が脆弱化し、対外従属が深まっている。

こうした状況の中で次第にネオリベラリズムの経済政策に対する疑念や反感が募り、それぞれ条件が異なる国々に対して一様の経済政策を適用することへの批判が強まっていった。そして世界の先進中心部から後進周辺部に対してグローバル・スタンダードを押し付けるのではなく、周辺からも途上国の現状に即した開発論、開発の思想を世界に向けて発信すべきであるという主張が展開されるようになってきた。

こうした発議は、「開発とは何か、何のための開発か」という根源的な問いに対して、従来からの経済偏重の「経済開発」にかわって、人間を中心に据えた新たな「人間開発」の概念を提起した国連開発計画の思想に通じるものである。そしてそれは経済学でノーベル賞を受賞されたインドのアマルティア・セン博士の「開発とは、人が自ら価値を認める生き方を全うすることができる自由を獲得するための社会造りである」とする考え方に根ざしており、開発は経済的視点だけでなく、政治、社会、文化的視点から考察されなければならず、さらにそれは道徳的、倫理的思索の上に築きあげられなければならないとされている。

ところでラテンアメリカにおいても、人間を中心に据えた視点から開発をとらえる思索、実践の試みが古くから存在し、その思想、政策論はこの地域の歴史的展開の中で注目すべき影響を及ぼしてきた。ラテンアメリカはコロンブス一行の到来以来、覇権国を主軸とする国際関係の展開の中で古くから欧米諸国の支配下におかれ、いわゆる「グローバル化」の洗礼を受け、その光と影を経験してきたのである。

こうした視点からラテンアメリカにおける開発の思想をとらえるとき、その原点は、植民地支配の絆を断ち切り、ラテンアメリカを独立に導いた中心的人物の一人であるシモン・ボリーバルの思想に求めることができる。ボリーバルは独立後の建国の目標として、民主主義に立脚した政治主権の確立、経済的自立と公正の実現、人種差別撤廃による社会正義の実現、域内連合の結成によるラテンアメリカ諸国間の協力と共存関係の創出、そしてヨーロッパの模倣でなくラテンアメリカの実情に適した近代化の推進を提唱した。

こうした開発の思想は、ボリーバル以後もラテンアメリカの思想家によって展開され、その中には当時の時代的背景を反映しながらも、時代の制約を超えてなお現代的意義をもち続けている思想も存在する。

そこでラテンアメリカにおける独立以降の開発に関わる主要な思想を、思想家の生涯と時代的背景をおさえながらその現代的意義について研究し、その成果を『ラテンアメリカ　開発の思想』と題して刊行する運びとなった。本書は独立期から現在に至るまでの代表的な思想家を中心に、その時代と思想を紹介しながら、ラテンアメリカにおける開発の思想について考察している。とりあげている思想家は、ボリーバル、アルベルディ、サルミエント、マルティ、フローレス＝マゴン、マリアテギ、ジルベルト・フレイレ、パウロ・フレイレ、ペロン、カストロ、プレビッシュ、グティエレス、メンチュウ、アリアス、カルドーゾである。日本におけるラテンアメリカの思想に関する研究は今後に期待されるところが大きく、本書はその欠落部分を補いながら、かつグローバル化が進展する中での開発思想の構築に向けて、ラテンアメリカから建設的な発信をするための基礎的な概説書で、今後の研究の発展に向けての一里塚である。

［いまい・けいこ／上智大学教授］

今井圭子編著
ラテンアメリカ　開発の思想
A5判　本体二九〇〇円

ちょっと気になるベンチャー企業 2

映画、観てますか？

外川洋子

映画は過去の娯楽にあらず

あなたは最近、映画館で映画をご覧なっただろうか。たいていの大人は、一年間に一度映画館に足を運ぶかどうかというところだろう。何しろ料金が高い、時間がない、面白い作品が少ない、どうせすぐにテレビで放映する、レンタルの方が手軽、などなど理由はいくつもあるのだから。映画館で映画を観ない人にすれば、かつて娯楽の王者だった映画の栄華は今どこに？　という印象だろう。

ところが、実際にはここのところの消費低迷の中で、映画産業は案外元気なのだ。何しろ昨二〇〇三年の国内の映画興行収入は二〇三二億五九〇〇万円（対前年比三・三％増）と過去最高を記録した（出所「二〇〇三年映画統計」日本映画製作者連盟）。

作品内容にもよるが、映画館には平日の昼間でも、シニア、マダム、キャリアウーマン、高校生、母子連れなど多彩な観客がいる。さすがに働き盛りの男性諸氏は少ないが、割引のあるレディスデー（毎週水曜日）や映画サービスデー（毎月一日）などには満員御礼、上映前行列状態の映画館も少なくない。つまり観る人は観ているのです。

シネコンという業態革新

洋画、邦画を問わず、ここ数年話題作、大作が増えているのが映画産業活性化の第一の理由だが、第二に鑑賞する場の充実がある。

郊外、都心部ともに増えているシネマ・コンプレックス（シネコン）は、ゆったりした座席や音響効果の良さその他、鑑賞環境が優れているだけでなく、レイトショーや先行上映、特別試写会、各種イベントや関連商品の販売、会員制度などの販促策を積極的に取り入れて、客層拡大と固定客づくりにつとめている。

携帯電話やインターネットを通じたチケット購入や座席予約が簡単にできるようになっていることや、ネットを通じての情報発信の多さも客数増に貢献している。

流通業やITビジネスなどの新規参

入資本によって担われることの多いシネコンは、映画（邦画）製作会社系列という従来の枠を超えて人気作品を自由に上映できるという強みを持っている。

　また同時に複数のスクリーンで上映し、いちどきに多くの観客を集めることもできるのもシネコンの強みである。たとえば二〇〇三年度に洋画でトップの業績を上げた「ハリー・ポッターと秘密の部屋」（シリーズ2作目）が全国二六八一スクリーンの三分の一で一斉公開し、圧倒的な集客力を発揮したのはシネコンの存在があればこそである。

配給機構の革新者たち

　それらに加えて一九八〇年代半ば以降に登場した新しいタイプの配給会社の成長という要素も大きい。藤村哲哉氏率いるGAGAに代表される配給会社イノベーターは、既成観念に囚われない若々しいセンスを持っている。オタク向けのホラー映画や、ひとくせあるスタッフ&キャストによって作られたB級映画や、アジアのインディーズ系映画も含め、世界中の膨大な作品の中から、ヒットの芽をいち早く見抜く力を持っている。

　これは人気を集めるぞとの確信が得られれば、公開前から長期間にわたってテレビ、雑誌その他のメディアを駆使して積極的に広告宣伝するし、ゲームソフトやキャラクター商品開発とも連動して露出度を高めていくメディア・ミックス戦略では既存配給会社の追随を許さない。

製作の世界をさらに広げる

　時代の風に敏感な彼らは完成前の映画の買い付け（青田刈り）も辞さない。場合によっては出資や作品アイディアの提示など、製作段階への関与（製品開発）も行なっている。

　しかも最近は海外作品の発掘・配給にとどまらず、アニメをはじめとする日本の作品を海外に発信する共同制作事業にも取り組み、さらにブロードバンド向けのコンテンツ配信事業にも積極的に関与している。

　ほんの十数年前まで、日本の映画産業は苦境に立たされていた。しかしいま、各種のエンターテイメントがしのぎを削る中で、映画という娯楽はかつて以上に強いポジションを獲得しつつある。それは、イノベイティブな担い手たちによる大胆な事業創造と、さまざまなマーケティング手法の複合化と構造変化の成果なのである。

［とがわ・ようこ／法政大学教授］

シリーズ　歴史／記憶　4

「根拠地」から遠く離れて（下）

――記憶から歴史へ、「戦後六十年」をどう迎えるか

山本唯人

戦後六十年をどう迎えるか――今年も八月十五日をすぎて、ぽつぽつとこの言葉がきこえはじめた。しかし、まだこの問いを、単なる周年行事の延長ではない、独自の思想的意味をもつ問いとして受けとめようとする声は、いわゆる「論壇」にも、社会の表面にもほとんど現れていない。9・11からイラク派兵にいたる見かけ上の喧噪と裏腹に、社会は何も語れない、どこへいくこともできない奇妙な思考停止の中で、「戦後六十年」前夜を迎えつつあるように見える。

来年二〇〇五年には、敗戦時に二十歳だった人が八十歳、十歳だった人が七十歳を迎える。聞き取りに親しんだ人であれば、この年齢が直接経験した人々の「記憶」を通して、その「時代」を再構成できるほぼ限界であることがわかるだろう。もう十年たってしまえば「記憶」の世界に決定的な変化が訪れる。仮に「記憶」が、直接体験をもたない人々に語り直されることで「歴史」になっていくのだとすれば、「戦後六十年」は、戦争体験が「記憶」の世界から「歴史」へと移行していく、決定的な転回点になるかもしれない。

このことは、これまで専ら「聞く」側であった戦後生まれ世代の人々が、今後、ますます、戦争を「語る」側に立たされていくことを意味する。今後、次の十年に向けて、国の「防衛」の根幹に関わる問題が頻発し、「体験者」の語りが消えていくことによって、非体験世代の戸惑いと受け止める社会の側の混乱は急速に深まっていくだろう。

この巨大な「記憶の断層」への予感を前に、非体験世代は、自らの体験していない、戦争という出来事の「記憶」をどのように語り、表現していくことができるのか。こうした問いが、「戦後六十年」をきっかけに、ますます析出されていくだろう。「戦後六十年」は、現役世代がある程度組織的に「語り」の活動を展開できる最後の時期であると同時に、真の意味で「ポスト戦後」の行方を占う問いが、個人の選択の問題ではなく、「社会」として浮上する

「元年」といえる年になるのではないか。

私が、「戦後六十年」を意識したのは、「東京都平和祈念館」建設凍結後、遺族、体験者を中心にした空襲被害者の氏名記録調査にかかわったことをきっかけとする。

東京大空襲の展示を意図した「平和祈念館」の展示案が、「新しい歴史教科書を作る会」の人々などから「自虐史観」と批判を受け、ついに、建設そのものの凍結に追い込まれたことは記憶に新しい。これによって、それまで東京大空襲専門の「ミュージアム」建設を目標にしてきた運動は、深刻な危機を迎えた。

祈念館作りともリンクして、一九九八年、墨田区を拠点とするグループが氏名記録調査の会を結成、二〇〇一年、五百人の会員を集めて遺族会となり、二〇〇三年、旧震災記念堂敷地内での祈念館建設に反対して生まれた「平和のひろばを作る会」の関係者と一堂に会し「東京大空襲六十年の会」を結成、私や現役学生世代の平和サークル、「東京空襲を記録する会」の流れを汲む戦災資料センター、区立資料館学芸員、反有事法制、イラク反戦のネットワークなどともゆるやかな連携を結びつつ、「六十周年」を記念する展示づくりを進めている。

会では当初、都との共催を模索、収集したまま事実上死蔵する約二千点の寄贈資料を利用した展示案をまとめるが、今年五月、交渉は決裂、成功するかどうかまだ不透明な部分もあるが、広範な市民の募金による展示作りをめざしている。この「六十年の会」こそは、体験者世代と戦後生まれの非体験世代とが共に「企画者」の側で協同し、作り上げる戦後初めての大空襲展示の試みになるのではないか。

ここに、ミュージアム（の不在）、展示空間をめぐる政治、「記憶」と事後的に語られる「歴史」との齟齬、被害と加害、個人と台頭するナショナリズム、「語り」の継承と再構成など、「戦後六十年」をめぐるすべての問題が凝縮され、展開しているのである。

歴史学もまた、社会の中にある以上、社会そのものの抱える悩みと切り離してはありえない。しかし、どのように切実な問いも、問いとして意識されることがなければ、やがて時間の経過と共に消えていく。「記憶」の臨界点に立って――「戦後」を問い、「戦後」ともう一度出会い直していくための本格的な議論へと展開することを期待したい。

［やまもと・ただひと／日本学術振興会特別研究員］
Eメール:tadahitoy@pop12.odn.ne.jp

「火葬場の立地」を考える

武田　至

日本は火葬の国である。上代より仏教と共に移入されたといわれるこの葬法が、近代にあっては衛生的に理にかなうとされ、これほど普及している国はない。厚生労働省の統計によると平成十四年度の火葬率は九十九％で、ほとんどが火葬されている。

日本の火葬は世界的に見て先進性と特異性を持っている。それは火葬率の高さと会葬者全員で行われる「骨上げ」、すなわち火葬によって具体的に死を確認する所作にみられる。「墓地埋葬等に関する法律」でも火葬とは死体を葬るためにこれを焼くことを言うとあることからも、火葬場は「火で葬る場」であり、遺体の焼却処理場のみではないはずである。

火葬場に対する捉え方は多様である。スウェーデン・ストックホルム市の「森の火葬場」は近代建築の傑作の一つとして挙げられ、ユネスコの世界遺産にも登録されるほど、市民にも愛されている火葬場である。日本でも芸術作品として高い評価を受けているものもある。平成十四年度芸術選奨文部科学大臣新人賞　美術部門で遠藤秀平が「筑紫の丘斎場」で受賞した。火葬場はこのような良好な評価を受ける一方、認識不足からくる偏見も多い。都市施設として位置付けられ、生活上必要不可欠な施設であるにもかかわらず、建設の際に必ずと言っていいほど反対運動が起こる。

無煙・無臭などが叫ばれ火葬炉の技術開発が進み、現在は公害防止対策上、問題のないレベルとなった。煙突を見えなくする。寺院風のデザインを廃止する。近代化のスローガンのもと、明るい建物とすることで火葬場に対する考えが変わるのではないのかと、古い火葬場を思い浮かべるものは積極的に取り除かれてきた。ホテルの豪華さを求めたり美術館をイメージする火葬場が多く見られるようになったにもかかわらず、現在でも管理者は竣工時の資料で「従来のイメージを一新した建物である」と謳っている。曖昧なイメージをもたれたまま、「迷惑施設」として近隣住民による反対運動は収まらない。建設担当者は火葬場を建設するために四苦八苦している。火葬場の立地を考えるに当たって、迷惑施設として扱われるようになった原因を究明し、火葬場とはどういうものかを考える必要がある。

火葬場に対しては常にマイナスイメージがつきまとってきた。資料に歴史的価値を見いだされることはなく、自治体も不要な資料は廃棄してきたこともあり、火葬場に関する資料は少ない。火葬場の立地をまとめるにあたり、火葬場に関する記述がみられないか、図書館や公文書館を捜し歩いた。

その結果、火葬を通して当時の社会状況を知ることができた。現在、マスメディアの発達により情報は日本全国に瞬時に行き渡るが、明治時代は情報の伝達もままならなかった。火葬禁止や再開に関する通達をみても、公文書館に記録がない県もみられることから、明治維新の混乱の中一般庶民にどれだけ伝わったかは不明である。土葬しか行っていなかった地域では火葬禁止は無関係であったかもしれない。現在は火葬場建設反対の新聞記事が中心となるが、明治時代の新聞には風俗からみた火葬の記事もみられた。情報に翻弄される現在よりも、平和な時代だったのかもしれない。

しかし、コレラの流行は、住民生活に大きな不安と火葬場のあり方にも大きな影響を与えた。ほとんどの人が衛生的な知識に乏しく、風評がさらに混乱を招いた。その結果、法律も整備され、衛生面にも注意されることとなり水道の発達にもつながったが、隔離病舎とともに伝染病対策の火葬場がつくられた。衛生面での遺体処理の火葬である。戦時中は生き残ることが精一杯で葬送もままならなかった。被災地では仮の場で火葬が行われた。

七〇〇年、高僧の道昭による火葬から明治維新と、火葬は政治に大きく影響されてきた。近代化の名のもと明治維新後は多くの欧米文化が導入されたが、日本の火葬は外国を手本にすることはなかった。火葬前の告別と会葬者による拾骨は日本独自のもので、それは現在も行われている。火葬場は故人との最後のお別れの場、拾骨によって故人の死を具体的に確認する場などの役割を持ち、そこには故人に対する会葬者の様々な思いが入り混じっている。

遺体処理場で焼かれるのか、葬送の場としての火葬場で「火葬」されるのか、それぞれが火葬場をどう捉えるかによって変わってくる。多くの人が火葬場のあり方をもとに立地に関して、正面から向き合う必要があろう。

［たけだ・いたる／火葬研究協会］

『経済思想』（全一一巻）刊行に寄せて

編集委員　鈴木信雄

昨今、街の書店を覗いてみても、経済学関係のコーナーは極端に縮小され、ミクロ経済学やマクロ経済学といった教科書と、エコノミストと称せられている実務家たちの書物が辛うじてそのコーナーの存在を知らしめているに過ぎない。このことは、経済学のノーマル・サイエンス化のひとつの結果であろう。なぜなら、経済学のノーマル・サイエンス化は、ツールとしての数学への偏愛もさることながら、教科書偏重主義と古典的著作に対する軽視、そしてさらに重要なことは経済理論や経済政策の土台をなす「思想」に対する無視の風潮を生んだからである。かくして、学生たちは、「社会科学としての経済学の学問的使命とは何なのか」を自問する機会を与えられず、その意味で、「何のために経済学を学ぶのか」に無頓着のまま、教科書を覚えることになる。

他方、ソ連・東欧圏の崩壊後の経済活動のグローバル化が、企業活動の多国籍化をより本格的なものにし、近代的国民国家の枠組みそのものの超克を要求するにいたっている。日本における構造改革・規制緩和などの要求はこうした流れに沿ったものである。こうした流れは、産業構造や雇用構造を大きく変化させ、日本社会の在り方を根本から変容させはじめている。人びとは、揺らぎ始めている日本社会や国際社会の行く末に明確なイメージを形づくることができず、日々進行している伝統的言語の収奪と新言語の強制のなかで、ひとつの時代の暮れ方を不安げに生きている。

ところが、特定の経済学モデルをトーテムとして崇拝する「信仰システム」をうち立てて、すっかり生計の術を身につけてしまった経済学者たちは、こうした時代を不安げに生きている人びとに対して何の想いも馳せることなく、また、学生に対して経済学の学問的使命を説くこともなく、数学的才を尽くした経済学モデル作りがかつてないほどの美的水準に到達していると自惚れ、自らの信仰を流布させるための「やさしい教科書」作りに専念している。

こうして、「社会の一般的厚生」の実現こそが経済学の課題であるとしたアダム・スミス、あるいは経済学は「人間生活の改良の道具」であり、「一部富裕家族の有害な贅沢、多数の貧困家族を蔽う恐るべき不安——これらは無視するにはあまりにも明白な害毒である。われわれの学問が求める知識によってこれを制御することは可能である」と述べ、「経済学という陰鬱な科学」の学問的使命に言及したアーサー・ピグーなどの遺訓は忘却されてしまうことになる　だが、最新の研究成果が学説史上もっとも優れているという自信に満ちた経済学者の発言も、その理由が経済学の教科書的体系化とその数学的緻密化にあるとすれば、それは妥当性を持たない独りよがりの発言である可能性が充分にあり得る。というのは、経済学が担うべき公共的な実践的有効性が一向に増大しないにもかかわらず、さらにまた経済学的社会認識が一向に深化しない場合でさえ、経済学の教科書的体系化と数学的洗練さが増す場合が充分にあり得るからである。このことはもっと留意されてよいであろう。偉大な経済学者のほとんどが、偉大な社会哲学者であり、偉大な思想家であった理由は恐らくこの点に関わっている。その意味で、人間として保持すべき社会に対する鋭い観察眼と、社会科学としての経済学が歴史的に担ってきた課題や使命に対する自覚こそが、経済学を学ぶ上での前提であると言ってよい。

われわれが、一七世紀末から二〇世紀末にかけて、経済学の歴史を形成してきた、欧米と日本の経済学者の思想的課題とそれを支えている道具立てとをどのように読みとり、現代にどのように生かしていくべきかを、『経済思想』（全一一巻）全体の考察課題に設定するとともに、パラダイム化された現在の「経済学」の在り方に「ノン」を突きつけ、果敢に新たな経済学の可能性を追求している経済思想や経済理論の新しい潮流を探索しようとするのは、こうした思いがあるからである。われわれは、時代のコンテクストとそれに応ずる思想の課題を虚心に回顧して、経済学の現在が今日の歴史的世界の裡にどのような位置を得ているのか、もし経済学に可能性が残されているとするならば、その「可能性の中心」とはどのようなものかを、襟を正して考える必要があると判断している。

『経済思想』に協力いただいた執筆者たちはすでに一家を成した著名な方々もおられるが、概ね若手・中堅の、いずれも真摯な学問的スタイルと丁寧な仕事を心がけて努力している研究者である。全巻は三部構成であり、第一部はテーマないし問題領域に即した「経済学の現在」に関する研究、第二部は「黎明期から今日までの欧米における経済学」に関する学史的・思想史的研究、そして第三部は「明治期以降のわが国における経済学・経済思想」に関する研究と、「非西欧世界の経済思想」に関する研究である。『経済思想』の刊行を通じて、われわれは、現在の経済（社会）思想研究あるいは経済学説史研究の水準を総括するとともに、これまでの経済（社会）思想研究の在り方を反省し、将来を大きく展望したいと思う。

［すずき・のぶお／千葉経済大学教授］

神保町の窓から

▼関東大震災から八一年。九月一日を前に、八〇周年記念行事実行委員会が主催した『世界史としての関東大震災』の出版記念会が開かれた。発行元は小社である。本の中身は昨年秋に開かれた研究集会の内容を中心にまとめられたもの。約一年がかりの刊行であった。大震災から八〇年も経った今でも、この地震が単に自然現象としての地球の揺れではなく「震災」として記憶され、「震災」として研究され続ける理由はなにか。震災から遡る十数年前、日本は韓国を併合し、韓国は日本統治下にあった。被併合国は、いずれの国であれ独立の希求は併合の瞬間から芽生える。反日帝という国民的高まりはあった。その芽は摘みたい。この地震に乗じて昂然と朝鮮人に弾圧を仕掛けていったのが日本の統治者であった。それが流言による初動だったにせよ、やつらの暴動に対抗せよと攻撃的状況が作り上げられたことは統治者らの思う壺だったに違いない。こんな当たり前のことが、なかなか話し合えなかった。長いみちのりだった。記念会の会場で朝鮮の誰かが発言した。「こんなにもすっきりした気持で、私は朝鮮人です、在日ですと言えたことはありませんでした」会場に重く響いた。しかし、差別が終わったわけではない。地域でも、学校でも国同士でもそれは依然としてあり続ける。青年研究者が思い余って発言した。「震災自身は遠くなったとはいえ、新たな問題は起こり続けています。私たちは形は違っても、新たな関東大震災を未然に防ぐために運動しつづけます」会場から大きな拍手が沸いた。パーティの立ち飲み酒がうまかった。▼たかが飲み屋の女将《ママ》と言うなかれ。彼女は夜ごと飲みにくる男どもの風体やら言い草を繊細な感情で読み下しているのだ。先夜、新宿で三〇年もやっているママの書いた本を手に入れた。飲兵衛《ノンベエ》の会話に似て、一話は短く、活字は大きく頁はどんどんめくれるように拵えてある。小さな可愛い本だ。題して『新宿ゴールデン街ママが教える「成功する人」「成功しない人」の見分け方』。ふだんなら誰が成功しようと知ったことではないので、まず読まないタイトルだ。今回は特別扱い。身につまされるところもあったので、ちょっとだけ紹介する。ママが見て成功しない奴の例。他人に対する愛情がない人→背が低いだの、頭が薄いだの、痩せたねえとか自分が気にしていることをずけずけ言う人。最初の一言で心の距離ができてしまう。「やあ、元気そうだねえ」これだけでいいんだ。「昔はよかった」これ

も危険なフレーズだ。昔があったから今があるととらえる昔と、過去の栄光（未練）としてとらえる昔では大違い。神通力の消えてしまった錆びた呪文のように繰り返される昔話などだーれも聞きたくないワな。もうひとつ。いい女（だけではない）は、中途半端な男にはついていかない、ということ。お店でもてたり、楽しさを振りまいている人は、必ず家庭を大事にしているという。責任感と気概を持ってない男にロクな奴はいないそうだ。こんな話が次々に出てくる。飲み屋では地の自分がでる。「食うもん食ってたか」「オレの若いときゃあなあ」とか「女房なんかにいちいち相談できるかっ」なんて、他人の思いも知らず雑言を吐き続けてきた自分が見窄らしい。成功する人の例は「しない人」の反対なんだけれど、これもなかなか難しい。カウンターの中から成功者を発見し続けているママの発言だ。そのいくつか。他人の意見に対して全否定はしないが、言うべきことをはっきり言う人。ママが議員時代、かの宮沢総理に吠えついたとき、総理は「大変よいお考えです。そうありたいと思います」と答弁。ママの考えを一度胸に納めた宮沢さんの態度に感銘を受けたという。つぎ。若いときのピュアで真っ白い心を失わない人。老いてなおかつ新宿にまで来て、若かった当時と同じようにキラキラと話をする人は夢を見続けるパワーを未だ秘めているという。こんな調子の本でした。数度しか行ったことのない店だが、軽やかに店内を跳ねていたのはこんなママさんだったのだ。ＮＨＫじゃないから店の名前を言っとこう。屋号「ひしょう」の、はせゆり子さん。朝方近くまでやってるけど、昼間はお休みだそうです。▼ここ神保町には何軒もの古典的飲み屋があった。そのいくつかは常連と言っても嘘ではなかった。それが、お女将が歳をとって腰が立たなくなったとか、地上げで路地裏までビルになっちゃったとかで、年々無断で消えていった。この頃では数軒の馴染み。大事な生き残りだ。その貴重な店で、隣に掛ける紳士に向かって「本は売れねえなァ」なんて話しかけると「そりゃあ、あんたんちの話だろう」とつっ撥ねられて、あげく口論になりかかった。お女将から「（あんたより）大事な客に何てことすんのよ」で、立ち入り禁止。他山の石としてください。▼虎の門病院泌尿器科の小松秀樹先生著『慈恵医大青戸病院事件』を上梓。手術後患者が死亡し、担当医が逮捕されるのだが、事件（事故）の解決法はこれでいいのかと、医療構造と医療の倫理を、現役現場の医者として本腰を入れて問うもの。小社ではたまにしか出ない本です。ご一読ください。

（吟）

新刊案内

価格は税別

慈恵医大青戸病院事件
医療の構造と実践的倫理

小松秀樹　四六判　一六〇〇円

医療事故ではどこまで医師の刑事責任を問えるのか。医療システムや医局制度、報道、厚労省の対応に問題はないのか。医療の具体的あり方を提案。著者は虎の門病院泌尿器科部長。

装幀：渡辺美知子

日本経済　停滞から成熟へ
原正彦　四六判　二八〇〇円

日本経済が停滞に入ってほぼ十五年。ケインズの不況ビジョンに学びつつ、平成デフレを読み解き、スタグネーションの総括を試みる。さらに成熟経済にむけての新たな価値を問う。

世界史としての関東大震災　アジア・国家・民衆
関東大震災80周年記念行事実行委員会編　四六判　二八〇〇円

朝鮮人・中国人・日本人合わせて約七千人の大虐殺事件から八十年。国家責任を追及し、真相を究明してきた研究と運動は、いま国境を越えた。この歴史永遠に忘れず……。

イタリア社会的経済の地域展開
田中夏子　Ａ5判　三七〇〇円

「人が大事にされる暮らし方・働き方」を模索する社会的協同組合の視点から、それを担う人々に光を当て、その社会的背景、地域社会の構造を分析。

現代イギリスの地方財政改革と地方自治
小林昭　Ａ5判　四五〇〇円

一九六〇～八〇年代の財政改革とその挫折、サッチャリズムと福祉国家・地方自治の危機、大都市と地方の財政構造などさまざまな角度から検証する。

明治前期の日本経済　資本主義への道
高村直助 編著　Ａ5判　六〇〇〇円

明治前期の政府の政策、諸産業の実態、経済活動を担う主体の三つの側面から実証的に解明する。

ファッションの社会経済史
在来織物業の技術革新と流行市場

田村均　Ａ5判　六〇〇〇円

開港によって在来織物業が幕末・明治前期に展開した技術革新とそれを可能にした市場条件＝ファッションに目ざめた庶民層の旺盛な服飾生活の実態を明らかにする。

評論　第145号　2004年10月1日発行　発行所　日本経済評論社
〒101-0051　東京都千代田区神田神保町3-2　電話 03（3230）1661
E-mail: nikkeihy@js7.so-net.ne.jp　FAX 03（3265）2993
http: //www.nikkeihyo.co.jp
〔送料80円〕

れ、横浜では外国人による馬車の利用が広く見られたようである。また、東海道でも、この頃、馬車の利用が始まったようで、外国人が馬車に乗ったことを記したいくつかの史料が残されている。

その最も早い記録は、一八六〇年一月一八日（安政六年一二月二六日）のもので、オランダ領事が馬車で神奈川宿内を走ったことが記されている（東京都品川区荏原神社蔵「外国貿易場所開港見聞記」）。また、この史料は、男性だけでなく、アメリカ人女性が馬車に乗っていたことも記している。[(4)] さらに、この頃、横浜と神奈川宿を馬車で往復した外国人がいたことを記した史料もある（高谷道男編『ヘボン書簡集』岩波書店、一九五九年）。

これらの記録は、いずれも開港直後の様子を記したものであり、馬車の利用が開港直後に始まったことは間違いない。しかし、その利用は外国人に限られ、一般の日本人が馬車を利用することはなかった。これは、幕府が、営業用の馬車（乗合馬車）が東海道を通行することを認めていなかったためで、幕末には日本人の利用できるような馬車は存在しなかった。また、横浜と東海道を結ぶ「横浜道」が馬車通行に不向きであったことが定期便開設の障害になった。特に、坂道が多いこと、途中に「太鼓橋」がいくつもあることが問題であり、これが、横浜での馬車の利用を限定的なものにしていた。

二　「馬車道」の開設

こうした状況が大きく変化したのは、一八六九年初頭のことで、横浜と神奈川宿を結ぶ「馬車道」が新設されて以降のことであった。この頃から、横浜では、馬車営業を始める業者が急増し、横浜と各地を結ぶ馬車が定期的に運行されることになった。また、新たに作られた「馬車道」は海岸部に造成され、従来の「横浜道」にくらべて平坦で道幅も広かった。そのため、馬車の通行だけでなく、徒歩で横浜へ入る場合にも盛んに利用された。こうして、人々は、以前にくらべて労せず横浜に入ることができるようになった。

当時、横浜に住んでいた貿易商吉村屋の番頭は、「馬車道」の完成によって、神奈川宿と横浜を結ぶ渡船が不用になると手紙に記しており（横浜開港資料館編『吉村屋幸兵衛関係書簡』同館、一九八九年)、この道の完成は和船による旅客の輸送を廃止に追い込んだようである。また、この道は、翌年一月に京浜間に電信が引かれた際に、電信が通る道として利用された。さらに、一八七二(明治五)年に鉄道が敷かれた際にも、この道の一部が線路用地として活用された。

もちろん、政府や県が、「馬車道」の造成にあたって、電信や鉄道の開通までを視野に入れていたとは考えにくいが、この道が首都と開港場を結ぶルートを整備するために作られたことは間違いない。つまり、この道は神奈川宿と横浜の間に馬車を通すために作られたというよりも、首都と開港場を平坦な一本の道で結ぶことを目的に作られたのである。そのため、この道は、馬車だけでなく、人力車や鉄道などにも利用されることになった。もちろん、この道を使って多くの乗合馬車が京浜間で運行されたことは間違いないが、「馬車道」の完成は、乗合馬車の開設にとどまらず、京浜間交通のあり方そのものを大きく変えていくきっかけになった。

三　京浜間の乗合馬車

京浜間において、最初に乗合馬車の営業を始めたのは、居留地一二三番に店を開いていたランガン商会であった。この店は、一八六九年一月(明治元年一一月)に四輌の馬車を使って京浜間に路線を開設した(前掲『吉村屋幸兵衛関係書簡』)。当時の広告(『万国新聞紙』一五号)によれば、同商会は一日に二回、築地と横浜の両方から馬車を出した。運賃は片道一人二ドルで、蒸気船よりは割高であった。また、広告に掲載された挿絵には五人の乗客が描かれ、この店は一日に二〇人程度の乗客を運んだようである。

一方、この頃、日本人にも東京と横浜を結ぶ乗合馬車の営業に乗り出す者があらわれた。『横浜沿革誌』(太田久好編、一八九二年)によれば、一八六九年六月頃、「成駒屋」という馬車屋が京浜間に路線を開設している。「成駒屋」は、横浜と東京の商人が共同で経営した店で、経営者の一人には著名な写真家下岡蓮杖が含まれていた。また、洋画家であった五姓田義松の作品に、成駒屋の馬車を描いたものがあり、この絵には一頭立て四輪の馬車が描かれている。

さらに、東京都公文書館が所蔵する文書（「達掛合」）の中に一八六九年五月頃に東京府が制定した乗合馬車の営業に関する規則書が収録されているから、京浜間での乗合馬車開通にともない規則の整備が進められたようである。この規則によれば、馬車の通行が許可されたのは横浜から築地居留地までの往還であり、東京市中での営業は認可されていなかった。したがって、乗合馬車は基本的に東海道で利用されたことになり、この頃の馬車は東海道という限られた範囲で利用されたにすぎなかった。

しかし、横浜から築地まで一度も乗り換えることなく行くことができる交通手段の出現は、江戸時代以来の交通制度を大きく変えた。たとえば、一八七一年一二月一六日（明治四年一一月五日）、政府は宿場で荷物を積み替えることなく四、五里先までの継通しを認可したが、それまでは荷物の継通しは認められていなかった。街道を運ばれる荷物は、宿場に到着する度にいったん馬などの背から降ろされ、再び別の馬の背に乗せられて隣の宿場に送られた。

こうした制度は宿場を保護するために実施されたが、旅客の輸送についても同様の規制が加えられた。そのため、旅人は駕籠や馬を利用する際に、宿場に着くたびに乗り換えを余儀なくされた。しかし、乗合馬車の営業開始によって、こうした煩雑さがなくなったことになり、旅客については、この段階で宿場の存在を無視した営業が許可されたことになる。また、こうした制度の変更は、のちに人力車にも適用された。

こうして、京浜間での旅客輸送は大変便利になったが、はたして実際に乗合馬車がどの程度利用されたのか、具体的に記した史料は残っていない。しかし、蒸気船ほどは利用されなかったようである。その理由としては、蒸気船にくらべて一度に輸送できる人員が少ないこと、料金が蒸気船よりも割高であること、所要時間が蒸気船よりもかかることなどがあげられる。また、鉄道開通以後は、鉄道に乗客を奪われ京浜間の乗合馬車はしだいに姿を消すことになった。しかし、京浜間に登場した馬車は、やがて横浜と東京以外の地域を結ぶ交通手段として活用されるようになり、馬車は新しい交通手段として人々の暮らしの中に定着した。

四　その後の馬車営業

京浜間に鉄道を敷設する準備が進められていた一八七〇年七月（明治三年六月）、最初に乗合馬車を運行したランガン商会が、将来開設される横浜駅（鉄道の終着駅）と開港場との間に鉄道馬車を敷きたいと神奈川県に申請した（神奈川県立図書館編『神奈川県史料　六巻』一八七〇年）。この申請は認可されなかったが、ランガン商会は鉄道開設による馬車利用客の減少を、鉄道に接続する新たな路線の開設によって補うことを計画した。こうした計画は、その後も相次ぎ、横浜は鉄道の終点であると同時に、馬車を利用した各地への起点になった。

特に、神奈川県西部へは横浜から馬車を利用することが多く、いくつかの路線を確認できる。その最も早い事例は、一八七二年六月六日（明治五年五月一日）に刊行された『日新真事誌』の広告で、横浜のカブ商会が数十輌の馬車を使った路線を開設することが掲載された。この広告には、同商会が東京と横浜から小田原・箱根・伊豆・江ノ島・鎌倉へ向かう馬車路線を開いたとある。また、この広告が掲載された数日後に日本で最初の鉄道が横浜・品川間で開通しているから、カブ商会は各地に路線を拡張することによって、鉄道に対抗しようとしたと考えられる。

さらに、一八七三（明治六）年六月二日の『横浜毎日新聞』は、横浜の居留地に住むA・ジャフレーが、六月七日から横浜と小田原を結ぶ週二便の馬車路線を開設したことを伝えている。運賃は片道五ドル、往復九ドルであった。さらに、一八七五（明治八）年三月には、神奈川駅（神奈川宿）の住民が、二輌の馬車を使って小田原までの路線を開設した（横浜市、池谷光朗氏蔵「渡世願」）。この馬車は途中に三つの停車場を設け、小田原まで約七時間の行程であった。また、小田原までの運賃は一円三五銭で、現在の感覚では数万円といったところであろうか。

一方、内陸部に向けては、一八七五（明治八）年四月に、神奈川県が神奈川駅と八王子駅（東京都八王子市）を結ぶ「馬車道」の造成を計画した。この時、作成された文書（『神奈川県史料　二巻』一八六五年）によれば、「馬車道」の造成は、横浜から輸出される生糸や絹織物を輸送するためのものであった。のちに、このルートには鉄道（横浜線）が敷設されたが、馬車路線の開設は鉄道の開通へと続く交通手段の近代化の先駆けとなった。

五　いくつかの馬車規則から

　このように、一八七〇年代に入ると、乗合馬車の利用が多くなったが、それにともない馬車の運行についてのさまざまな規則が制定された。そのもっとも早い事例は、一八六九年五月に東京府が制定したもので（前掲「達掛合」）、全部で八カ条から成っている。規則制定の目的は、馬車による交通事故を防ぐことにあり、馬車が相互に行き違う時には左側通行を守ること、歩行者との接触事故を防ぐために馬車の目立つ所に小旗を立てること、スピードを出さないで安全第一とすることなどが定められた。また、馬車が「高貴な人」と出会った時に、乗客が馬車を降りることを定めた条項もあり、古い考え方と新しい考え方が制度の中で交錯していたことがうかがわれる。

　はたして、こうした規則がどのような経緯を経て、より近代的な規則に作り変えられたのか、具体的に示すことはできない。しかし、一八八〇年代初頭には、かなり整備された規則が見られるようになった。たとえば、神奈川県では一八八一（明治一四）年五月二三日に新たな馬車規則（『神奈川県史料　一巻』一八六五年）が制定されている。

　この規則は一五条から成り、第一条では馬車営業を始める際の手続きが定められた。具体的には、営業を希望する者が郡役所から鑑札に検印を受けること、創業・廃業を所轄の警察署に届け出ることなどが定められた。また、馭者は満二〇歳以上の者とされ、馬車を運行できる技術を有する者とされた。

　一方、交通規則としての箇条も多く見られ、馬車の左側通行や橋の近辺での停車禁止に関する条文もあった。また、通行人が多くいる場所では徐行すること、馬丁一名が馬車の通行を報せるために掛け声を出しながら馬車の前を走ることなども決められた。さらに、夜中の点灯、乗客に病人が出た際の扱い方、乗客の定員について記した条文もあった。

第三節　人力車を利用して

一　人力車の発明

一八七〇年代以降、馬車とならんで最も日本人に普及した交通手段は人力車であった。しかし、人力車がいつ頃発明されたのかについては諸説があり、必ずしもはっきりしない。この点について、斎藤俊彦氏が、幕末期に東海道などで荷車を利用した旅客輸送がおこなわれたことを紹介したが、(5)これを人力車とするならば、人力車の利用は幕末まで遡ることになる。もっとも、この場合、利用された車は「大八車」のような荷車であり、この車を人力車とすることには少々無理がある。

したがって、人力車の発明は、一八七〇年四月二四日（明治三年三月二四日）に東京府から製造許可と営業許可を受けた東京在住の三人の人物（和泉要助・鈴木徳次郎・高山幸助）がおこなったとするのが良さそうである（東京都編・発行『東京市史稿　市街編五二』一九六一年）。この時、鈴木徳次郎が作成した「引き札」には、車に付けられた腰掛に女性が座り、一人の車夫が車を引いている場面が描かれているが、この人力車はわれわれが見慣れたものである。

また、彼らが東京府に申請した書類には、人力車の大きさが記され、長さが一六五センチ、幅が六〇センチ、座席から日覆いまでの高さが一〇五センチとある。乗客にとっては少々窮屈な感じではあったが、気楽に利用できるという利便性が人々に受け入れられ、人力車の利用は短期間に拡大した。

『東京市史稿　市街編五二』には、一八七〇年一一月二〇日（明治三年一〇月二七日）に、東京府が人力車の発明者である和泉要助らを「人力車惣行事」に任命したことを記した史料が収録されているが、この史料には人力車の営業をおこなう者が急増していると記されている。

二　広がる人力車の利用

斉藤俊彦氏の研究によれば、一八七二年初頭の東京府の人力車台数は一万台を超えている(6)。この数字が正しいとすれば、東京府が和泉らに人力車の製造を許可してから、わずか一年半で人力車は人々の暮らしに不可欠の交通手段になったことになる。また、一八七四（明治七）年の東京府の人力車製造台数は、約五八〇〇台で、その後も人力車の製造台数は増加の一途をたどった。

さらに、東京で始まった人力車利用は各地に広がり、一八七五年の日本全国の人力車台数は一一万台を超えるにいたった。これにともない、江戸時代以来の交通手段であった駕籠は急速に姿を消し、市街地や街道では人力車を見かけることが珍しくはなくなった。神奈川県においても、一八七一（明治四）年には「人力車税」の徴収が始まっているから、人力車の製造開始直後に、開港場を中心に人力車営業を始める業者があらわれたと考えられる（『神奈川県史料　一巻』一八六五年）。

その台数について具体的に記した史料はないが、一八七五（明治八）年の神奈川県の人力車税は一六〇〇円を超えている（『神奈川県史料　一巻』）。一年間の税額は人力車の大きさや使用場所によって違っていたが、平均すると一台当たり一円三〇銭程度の税金であったから、県下には一〇〇〇台を超える人力車があったと推測される。

また、この史料は、人力車の使用場所として「各駅・街道筋」に加えて「各村」を掲げているから、人力車の利用は市街地から農村へと広がり始めたようである。さらに、この史料は、人力車とあわせて「大八車」や「大七車」についての税額も記しているから、この時期にさまざまな車の利用が拡大したと考えられる。

三　東京と横浜を結んで

現在、確認される京浜間での人力車営業許可の最も古い事例は、一八七〇年六月二一日（明治三年五月二三日）のもので、人力車の製造が始まって二カ月後のことであった。路線を開設したのは、東京府岩本町に住む源七で、彼は従来から「車力渡世」（車を使った荷物運搬業）を生業とする人物であった。彼が記した「営業許可申請書」（東京都公文書館蔵「府治類纂」）によれば、彼は荷物運搬労働者を多く雇っており、これらの労働者を使って発明されたばかりの人力車の営業をおこなうことを計画したようである。

また、使用した人力車は四人乗りで、東京府の京橋と神奈川県の生麦村（横浜市鶴見区）に五輌ずつ配備し、一輌につき二人の車夫が車を引くことになっていた。運賃は一人銀三〇匁であり、この内、二匁を東京府へ「運上」として納付した。人力車が横浜市街地まで入らなかった理由は分からないが、当時、生麦村から横浜まで和船による渡船が開設されていたから、人力車は渡船に接続することを目的に開設されたと考えられる。

もっとも、生麦村での乗り換えは不便なものであり、翌年には東京から横浜まで人力車に乗ったままで行くことができる路線が開設された。また、業者の数も急激に増加したようである。ちなみに、一八七一年九月三日（明治四年七月一九日）に京浜間を人力車で旅行した群馬県の蚕種商人田島弥平は、「東海道中、人力車群集にて実に往来自在なり」と日記に記し（群馬県、田島健一氏蔵「横浜旅中日記」）、東海道に多くの人力車が走っている様子を描写している。人力車の旅は、徒歩の旅にくらべれば贅沢なものであったが、訪問先の玄関まで座ったままで行ける便利さが人々に歓迎された。こうして、人力車は京浜間を結ぶ重要な交通手段になった。

四　人力車と村の暮らし

京浜間での人力車営業の開始は、東海道に沿った地域に居住する人々の暮らしも大きく変えた。江戸時代以来、この地域の人々は東海道と密接な関係を持って暮らしてきた。住民の中には街道沿いに店を開き、旅人相手に商売をする者も多かった。また、宿場に出向き旅人の荷物を運び、「駄賃稼ぎ」をする者もいた。しかし、こうした活動は「農間稼ぎ」（農業の合間に商業活動などに従事すること）として認められているにすぎず、農民たちが農業から完全に離れて商売や「駄賃稼ぎ」をすることは許されていなかった。

しかし、明治時代に入って規制がなくなると、人力車が東海道を走る姿を目の当たりにした人々の中から、自ら人力車営業を始める人々があらわれるようになった。

たとえば、生麦村に居住した関口家の当主が記した日記（横浜開港資料館蔵「関口日記」）には、そうした人々についての記述が散見している。関口家の日記に人力車が登場するようになるのは一八七一年春からで、東京で人力車営業が始まった翌年のことであった。

最初の記述は、関口家が新規に人力車を製作したことを記録したもので、同家は東京の業者に一四両の価格で一台の人力車の製作を依頼した。また、同家は人力車を生麦村の江戸屋という旅客運送業者に貸し出し、一カ月に三両の賃貸料を徴収した。順調にいけば、関口家は年間三六両もの利益をあげることになっていたが、実際、江戸屋が四月から一二月までに支払った金額は一二両二朱であり、人力車営業は当初の目論見ほどには儲からなかった。

しかし、同家は約九カ月で元を取ったことになり、その後も生麦村では人力車を製造する者が増加した。関口家の日記には、そうした人々についての記述もあり、なかには屋敷や畑を抵当に入れ、関口家から借金をして人力車を製造する者まであらわれた。こうした記述から、東海道に沿った地域で人力車を製造することが一大ブームになっていたことをうかがうことができる。

第四節　鉄道の開通

一　最初の鉄道建設計画

このように、明治維新後、京浜間では新しい交通手段が相次いで実用化されたが、最後に登場した交通手段は鉄道であった。鉄道が京浜間で営業を始めたのは、一八七二年六月一二日（明治五年五月七日）のことで、馬車や人力車による京浜間路線の開設から数年後のことであった。鉄道が最後に登場したことは当然のことのように思われるが、鉄道敷設計画が幕末期にも存在したことは案外知られていない。

京浜間に鉄道を最初に敷設することを計画したのは、横浜に居住したイギリス人で、彼は、一八六七年三月四日（慶応三年一月二八日）に江戸・横浜間の鉄道建設を幕府に申請した。この計画が認可されれば、馬車よりも早くに鉄道が開通した可能性があったが、幕府は、この計画に対し「時期尚早」との態度で臨んだ（外務省外交史料館蔵「続通信全覧、機関門」）。そのため、この人物は鉄道建設に着手できなかった。しかし、この申請をきっかけに、諸外国の外交官や商人から頻繁に鉄道建設構想が幕府に提出されることになった。

こうして、一八六八年一月一七日（慶応三年一二月二三日）に、アメリカ公使館の書記官をつとめていたA・L・C・ポートマンが、はじめて幕府老中小笠原壱岐守から京浜間の鉄道建設の許可を得ることに成功した（前掲「続通信全覧、機関門」）。これが、幕府が認めた日本で最初の鉄道建設計画であった。しかし、小笠原の許可は、最後の将軍徳川慶喜が朝廷に大政奉還を願い出た後のことであり、これ以後、ポートマンは鉄道建設をめぐって新政府と交渉を繰り返すことになった。

ポートマンの計画によれば、鉄道の竣工期限は工事着工から三年間であり、この計画が実現していれば、日本の鉄道開通は数年早くなったと思われる。しかし、新政府は、幕府が結んだ契約の無効を主張し、ポートマンの計画は実現しなかった。新政府が、ポートマンの計画を嫌った最も大きな理由は、鉄道の敷設権と経営権をポートマンが持つことになっていた点で、外国人にこうした権利を与えることによって日本の経済の自立が犯されることが問題であった。

しかし、幕府が結んだ契約は、原則として新政府に引き継がれるべきものであり、ポートマンとの交渉はアメリカ政府を巻き込んで、外交問題にまで発展した。アメリカ公使やポートマンは日本政府と粘り強く交渉を続けたが、政府は彼らの要求を認めなかった。そのため、交渉は決裂し、最終的にポートマンは鉄道建設から手を引くことになった。こうして、日本は新たな方法で鉄道を建設することになった。

二　鉄道建設をめぐる意見

新政府がポートマンと交渉を繰り返していた頃、鉄道の建設をめぐって、さまざまな意見が政府に寄せられた。なかでも、お雇い外国人であったR・H・ブラントンが一八六九（明治二）年春に提出した意見書（外務省編

『大日本外交文書』第二編第一冊、日本国際協会、一九三八年）は、鉄道建設に大きな影響を与えたといわれている。この意見書によれば、ブラントンは、鉄道が日本政府の手によって建設されるべきこと、最初に京浜間に鉄道を敷設すること、建設資金に不足を生じる際には外資で補填する方法があることなどを進言している。

ポートマンの考え方との最も大きな差異は、外国人に依存することなく日本政府が鉄道を建設すべきであるとした点にあり、政府はブラントンの意見を参考にしながらポートマンと結んだ契約を破棄することを決定した。また、ブラントンがイギリス人であったためであろうか、この頃から鉄道建設はイギリス政府やイギリス人の実業家、技術者を巻き込んでおこなわれていくことになった。

一方、この頃、日本人の中からも、京浜間に鉄道を開設することを希望する人々があらわれた。彼らは横浜に居住する商人で、一八六九年一一月（明治二年一〇月）に六人の横浜商人が神奈川裁判所に鉄道の建設および営業権の免許下付についての願書を提出した。

願書（早稲田大学図書館蔵「大隈文書」）には、汽車の利用が国家統一に不可欠であることが面々と記され、全国各地を鉄道で結ぶことを早急におこなうべきであるとしている。また、当面は旅客の往来がもっとも多い京浜間に鉄道を敷設し、順次、全国に延長することを求めている。さらに、こうした事業は外国人ではなく日本人がおこなうべきであると述べているから、ブラントンと同様の考え方が日本人の実業家の中にもあったことになる。しかし、彼らの計画は資金面で問題があり、莫大な鉄道建設資金を自己資金で調達できなかった。そのためであろうか、この計画は政府に採用されず、日本最初の鉄道建設は政府の主導でおこなわれることになった。

三　鉄道建設に向けて

政府がポートマンとの契約を破棄し、自ら鉄道を建設することを公表したのはポートマンとの交渉が続いていた一八六九年一二月七日（明治二年一一月五日）のことであった。また、その直後に、政府は鉄道建設資金をイギリス人の実業家H・N・レイから借用することを決定し、資材や人材の調達についても同人に依頼することになった。

また、借入金の返済については、担保として輸出入税と鉄道の運賃が入れられ、実際の返済は銅・鉛・水銀などの鉱産物、もしくはロンドン銀行の証券をもって支払うことになった。しかし、レイが実施したロンドン株式取引所での公債発行をめぐる日本政府とレイとの考え方の相違からトラブルが発生し、最終的に日本政府はレイとの契約を破棄した。

こうして、鉄道建設は再び暗礁に乗り上げたが、東洋銀行（Oriental Bank）がレイに代わって資金調達にあたることになり、ようやく建設の目途が立った。具体的には、政府が東洋銀行にロンドンでの公債発行事務を委任し、この資金を使ってイギリスにおいて建築資材を購入することになったのである。(7) また、建設技術者はイギリス人を中心に雇用された。

ところで、この時、ロンドンで発行された公債は、わが国最初の外債であり、債額一〇〇万ポンド（四八八万円）に達する巨額の資金が調達され、三〇万ポンドが鉄道建設に用いられた。また、利率は年九パーセント、据置期間三カ年、償還期限一〇カ年という条件であった。

四　建設工事とお雇い外国人たち

京浜間の鉄道工事が始まったのは一八七〇年四月二五日（明治三年三月二五日）のことで、この日に東京の汐留周辺から測量が開始された。また、五月三日からは横浜からも測量が始まった。さらに、神奈川宿周辺の海岸部では鉄道用地の造成が進められ、新たに海岸部の埋立が急ピッチでおこなわれた。一方、この頃から用地の買収や地ならし工事もおこなわれ、七月からは橋梁工事も開始された。

建設工事が本格化したのは一八七一年に入ってからで、同年一一月には横浜から多摩川までの鉄道の敷設が終了し、翌年三月には品川までの工事が完了した。こうして、わが国最初の鉄道は一八七二年六月一二日（明治五年五月七日）に品川と横浜の間で仮開業した。また、同年一〇月一四日には新橋・品川間の鉄道も完成し、新橋駅と横浜駅において盛大に鉄道開業式がおこなわれた。

鉄道の距離は約二九キロメートル、線路は単線で、新

図3－2　鉄道開通直後の品川駅頭の情景

注：フランスで刊行された新聞『ル・モンド・イリュストレ』1872年12月17日号に掲載された。
出所：横浜開港資料館蔵。

橋と横浜との間に品川・川崎・鶴見・神奈川の四つの停車場を置いた。また、橋梁は二二カ所に達し、付属施設として家屋四二棟、汽車回台四カ所、水溜四カ所などが設置された。さらに、用意された車輌は、機関車一〇輌、客車五八輌、貨車七八輌に達した（一八七二年末現在）。

また、表3－4は、工事と開業当初に政府に雇わ

表3－4　雇外国人職制一覧（1872年12月31日現在）

Director	鉄道差配役	1名
Engineer-in-chief	建築師長（首長）	1
Traffic manager	運輸長	1
Locomotive and rolling stock superintendent	機関車・車両監察長	1
Head-foreman of workshops	工場長	1
Engine-driver	機関士	10
Fitter and smith	整備係・鍛冶工	6
Mason	石工	1
Carpenter	大工	1
Plate-layer	線路工夫	4
Travelling inspector	検札係	5
Yardsman	操車係	5
Storekeeper	倉庫管理人	1
Medical officer	医務官	2
Clerk	事務官	4
合　計		44名

出所：『横浜市史　3巻上』322頁第19表を引用。

表3－5　旅客数の変遷

年　度	旅　客
	人
明治5年	495,078
6年	1,415,225
7年	1,589,428
8年1～6月	895,188
8年度	1,667,724
9年度	1,584,162
10年度	1,584,509
11年度	1,606,048
12年度	1,790,072
13年度	2,084,221
14年度	2,111,078
15年度	2,213,551
16年度	2,154,895
17年度	1,963,174
18年度	1,359,346
19年度	1,740,442

出所：『横浜市史　4巻上』619頁第164表を引用。

れた外国人の一覧であるが、建設と運営に関するすべての分野で外国人が重要な役割を果たしていたことが分かる[8]。さらに、彼らの給料もきわめて高額であり、鉄道差配役の月額二〇〇〇円を最高に、日給で支給される者でも一日に二円の賃金を支給された。こうした関係は、日本人が主体となって鉄道を運営するようになる一八七七年まで続き、一八七六（明治六）年六月のお雇い外国人の人数は一〇三人に達した。

五　鉄道の乗客たち

品川と横浜の間で鉄道が仮開業した日、日本ではじめて一日二往復の旅客列車が運転された。また、翌六月一三日には一日六往復に列車本数が増やされ、さらに、八月一一日からは一日八往復になった。これにともない列車を利用する人数も急増し、八月に入ると一週間当たりの旅客輸送人員は一万五〇〇〇人に達した。

また、新橋までの営業が開始された一〇月一五日からは一日九往復に増便された。ちなみに、新橋・横浜間の旅客運賃は上等一円一二銭五厘、中等七五銭、下等三七銭五厘で、蒸気船の運賃よりも高価であった。しかし、物珍しさと利便性によって輸送人員は順調に伸び、一一月四日から同一〇日の一週間の輸送人員は二万六〇〇〇人を超えた。

表3-5は、鉄道開通からの旅客輸送状況を示すものであるが、開通の翌年には年間利用者数が一四〇万人を超えたことが分かる。その後も利用者は増加を続け、一八八〇年代初頭には、年間利用者数は二〇〇万人に達した。こうした状況から考え、京浜間の旅客輸送は、この頃から鉄道が独占するようになったと考えられる。

また、鉄道の開通は、沿線住民の暮らしを大きく変えた。たとえば、明治初年に人力車を購入した生麦村の関口家では、鉄道開通直後に人力車を売却している。また、この頃から関口家の人々は鉄道を盛んに利用し始めている。関口家当主の日記（横浜開港資料館蔵「関口日記」）によれば、最初の鉄道利用は一八七二年一一月五日（明治五年一〇月五日）で、この日、関口家の当主は「証印税」を県庁に納付するため横浜に向かい、帰りに神奈川駅から鶴見駅まで汽車に乗車した。

　また、翌年二月一四日には、関口家の女性たちが子供を連れて東京へ行っているが、この時も鶴見駅から新橋駅まで汽車を利用している。さらに、六月二九日には当主が村人とともに汽車に乗り東京へ向かい、博覧会を見学した後に品川駅から汽車で帰宅した。このほか、日記には関口家の人々が鉄道を盛んに利用している記事が散見しているから、鉄道はわずかの間に沿線住民の重要な交通手段になったことが分かる。

【参考文献】

（1）西川武臣「幕末・明治初年の東京（江戸）・横浜間の水運について」（横浜開港資料館・横浜近世史研究会共編『一九世紀の世界と横浜』山川出版社、一九九三年）。
（2）同前。
（3）小風秀雅『帝国主義下の日本海運』（山川出版社、一九九五年）。
（4）斎藤俊彦『くるまたちの社会史』（中央公論社、一九九七年）第Ⅰ章。
（5）同前、第Ⅱ章。
（6）同前。
（7）『横浜市史　三巻上』（横浜市、一九六一年）第三章第六節。野田正穂ほか編『神奈川の鉄道』（日本経済評論社、一九九六年）第一章。
（8）同前。

第4章　ものを運んで

第一節　貿易の開始と運輸量の急増

一　開港直後の貿易と運輸

横浜での貿易の開始と急激な都市化は、この地域の運輸を著しく活性化させた。開港直後から横浜で集散される物資は莫大な量に達し、横浜ではさまざまな物資がさまざまな交通手段を利用して運ばれた。なかには、前章で紹介した近代的な交通手段で運ばれた物資もあれば、江戸時代以来の伝統的な交通手段で運ばれた物資もあったが、いずれにしても横浜が短期間に日本を代表する流通の拠点になったことは間違いない。

物資流通が活性化し始めたのは、開港から約二カ月を経た一八五九年八月下旬頃のことで、その原因は貿易が盛んになり始めたことにあった。最初に登場した貿易品は生糸であり、その後、茶・水油・雑穀の輸出が拡大した。また、翌年からは輸入貿易も増加し、綿織物や毛織物を中心に綿糸・鉄製品・薬品などが大量に移入した。(1)

表4－1は、一八六〇（万延元）年の横浜港の主要輸出品を示すものであるが、九品目で一万五〇〇〇トンを超える物資が輸出された。これに加えて、この年、約六〇〇〇梱の綿織物と約二二〇〇梱の毛織物を中心にかなりの物資が輸入されたから、輸出入物資の総重量は数万トンに達したと推測される。

残念ながら開港直後の輸入品については、具体的に重量を記した史料がないが、輸出品では雑穀と水油がもっとも重い物資であった。ちなみに、一八六〇年の一年間で雑穀は四六三三トンが、水油は四四六七トンが輸出された。いずれの物資も中国大陸向けの貿易品で、雑穀は小麦や大豆が中心であった。また、水油とは菜種油などの植物油のことで、照明用の油として利用された。

これらの物資が中国大陸に輸出されたのは大陸で勃発したアロー戦争と関係があり、雑穀はイギリス軍やフランス軍が軍事物資を運ぶために使役した馬の飼料として、水油は行軍中の軍事物資として活用された。(2)金額的には、どちらの物資も高額なものではないため、貿易品としては生糸や茶ほど注目されないが、横浜ではこうした重い物資を運ぶための運輸手段が整備されていたことになる。

また、第1章で述べたように、横浜の対岸に位置した神奈川湊は江戸時代中期から小麦や大豆の集散地として機能していたから、開港後の雑穀輸出の隆盛は、こうした伝統を引き継いだものと考えられる。しかし、重さの面では、もっとも大量に取引された雑穀と水油は、アロー戦争が終結したのにともない急激に輸出量を減らし、一八六一（文久元）年には主要輸出品から姿を消すことになった。

二　明治の貿易

このように、横浜では開港直後から大量の貿易品が取引されたが、その後の貿易はどのように展開したのだろうか。表4-2は一八六八（明治元）年から一八八〇（明治一三）年の横浜港における主要輸出品の輸出量の変遷を、表4-3は同時期の主要輸入品の輸入量を示すものである。いずれも、移出入された物資を重さ（トン）で表示した。主要輸出品には、このほか蚕種（蚕の卵）があったが、統計資料には重量が記載されていないため、表からは除いてある。また、主要輸入品には、大量の綿織物・毛織物・金属などがあったが、これらについても重量が分からないため、表からは除いた。

したがって、この表からすべての貿易品の重量が判明するわけではないが、それでも明治時代になって貿易量が拡大しつつあることを知ることができる。たとえば、表4-2に掲げた一八六八年の主要輸出品の総重量は七二五九トンであったが、一八七二年には九九一二トンに、一八七六年には二万八九一一トンに、一八八〇年には一万八七〇五トンになっている。

また、表4-3に掲げた主要輸入品の総重量も急激に拡大し、一八六八年に一万六三四四トンであった総重量は、一八七二年には倍増し、一八八〇年には一八六八年の五倍近くに達している。それぞれの物資については、

表4－1　1860年の横浜港主要輸出品

（単位：トン）

品　名	重　量
生糸	462
茶	1,431
水油	4,467
銅	670
雑穀	4,633
干魚	499
雑貨	883
薬品	853
昆布	1,563

出所：『横浜市史　2巻』281頁第21表を加工。

表4－2　主要輸出品の輸出量

（単位：トン）

年　度	1868	1872	1876	1880
米			16,097	946
豆類		2	1	98
小麦			2	27
茶	5,190	4,815	7,446	10,691
水産物	523	1,715	2,461	3,115
椎茸	115	79	114	260
寒天		3	65	36
タバコ	30	195	361	662
油・蝋	42	253	40	321
繭	95	267	327	89
生糸類	942	890	1,489	1,808
石炭	320	257	23	4
銅類	2	1,436	485	648

出所：『横浜市史　資料編２』「統計編」より作成。

表4－3　主要輸入品の輸入量

（単位：トン）

年　度	1868	1872	1876	1880
米		555	2	9,064
小麦		59	3	134
小麦粉		461	556	710
豆類			684	1,459
砂糖	10,711	19,147	33,867	32,903
繰綿	1,040	140	1,418	668
綿糸	2,397	7,218	8,775	16,178
銑鉄	1,190	91	241	2,053
塾鉄		3,692	5,910	14,284
鉛	827	51	152	142
毛布	179	316	113	240

出所：『横浜市史　資料編２』「統計編」より作成。

年次によって、かなりの増減があるため一概には言えないが、貿易の活性化にともない大量の物資が集散するようになったといえる。ちなみに、この期間に一度でも年間一万トン以上の輸出入を記録した物資は、米・茶・砂糖・綿糸・熟鉄の五つであり、こうした物資が重量の面では主要な貿易品とみることができる。

三　米の輸出入の変遷

主要な貿易品について、もう少し詳しく検討してみよう。表４－２と表４－３に掲げた物資の中で、もっとも激しく輸出入量が変動した物資は米であった。貿易量変動のおもな原因は、国内での米の生産量が安定していなかったことであったが、大陸での米の豊作や凶作によっても輸出入量は激しく変動した。たとえば、明治維新直後の日本では、打ち続く東北地方の凶作によって、米価が急騰していた。そのため、横浜から大量の米が輸入された。

石井寛治氏の研究によれば、この時、輸入されたのは中国米・サイゴン米・シャム米で、これらの米は横浜の中国商人が扱った物資であった。(3)その輸入量はたちまちの内に急増し、表4-3のもとになった資料には、一八六九（明治二）年に約七九〇トンであった米の輸入量が、一八七一年には約二万五〇〇〇トンに達したと記されている。

また、政府の経済政策も米の輸入に大きな影響を与えた。たとえば、一八七七（明治一〇）年に勃発した西南戦争に際し、政府は軍事費を賄うために多額の不換紙幣を発行したが、この政策によってインフレーションが発生し、諸物価が著しく高騰した。こうした影響を受け米の輸入も増加し、一八八〇（明治一三）年には九〇〇〇トン以上の米が輸入された。

一方、大陸での飢饉が、横浜からの米の輸出を生み出したこともあった。たとえば、一八七六（明治九）年、横浜から約一万六〇〇〇トンの米が輸出されたが、その原因は中国北部で発生した飢饉であった。当時の新聞によれば、この年、山東省・山西省で洪水と日照りが相次いだ。そのため、香港・厦門・福建などの中国の港に向けて米が移出された。

ちなみに、開港以来、米は輸出禁制品で、一八七二（明治五）年まで米が海外に送られたことはなかった。しかし、この年、政府は、政府が実施する輸出に限って米の輸出を解禁し、これ以後、米の輸出がおこなわれることになった。また、一八七五（明治八）年には民間の業者がおこなう輸出も許可され、先述したように、翌年から大量の米が輸出された。さらに、こうした米の大量輸出は一八七八年まで続くことになった。

四　砂糖輸入をめぐって

ここで、もう一度、表4-2と表4-3を眺めてみよう。横浜の貿易品は多岐にわたるが、一貫して大量に取引された商品に砂糖があった。砂糖は中国から輸入された商品で、横浜では一八六〇年代後半から八〇年代にかけて、ほとんど毎年、数万トンの砂糖が輸入された。これらの砂糖については、井川克彦氏の研究があり、赤砂糖・白砂糖・車糖と呼ばれた砂糖が輸入されたことが明らかになっている。(4)

この内、赤砂糖は精製度の低い砂糖で粗糖と呼ばれたものであり、白砂糖は、ある程度まで精製された価格の高い商品であった。また、車糖は、一八七五年にイギリスの商社ジャーディン・マセソン商会が香港に設立した中華火車糖局と呼ばれた精糖工場で生産されたものであり、もっとも良質な砂糖であった。

これらの砂糖は、いずれも中国南部や台湾の港から移出され、大部分（輸入砂糖の七〇パーセントから八〇パーセント）が横浜に陸揚げされた。また、輸入量は、赤砂糖が圧倒的に多かったが、一八八〇年代後半以降、良質な白砂糖や車糖の輸入が急増したといわれている。

一方、横浜に砂糖を持ち込んだ外国商館についても、井川氏の分析があり、中国商人が砂糖輸入に大きな位置を占めたことが分かっている。彼ら中国商人は、砂糖の生産地である中国南部や台湾と関係が深く、そうした関係を利用して大量の砂糖を輸入した。また、輸入された砂糖は、横浜や東京の日本人業者の手を経て全国に移送された。

ところで、大量の砂糖の輸入は、江戸時代以来の砂糖の流通経路を大きく変えた。開港以前の国産砂糖は主に大坂に集められ、大坂を経由して全国に送られていた。しかし、横浜に大量の輸入砂糖が入荷することによって、こうした流通経路は大きな打撃を受け、国産砂糖を扱っていた業者は経営を悪化させた。特に、良質な精糖工場で生産された砂糖が大量に輸入されるようになると、国産の白砂糖は価格の面で対抗できなくなった。こうして、横浜は輸入砂糖が日本の砂糖を駆逐していく最前線になった。

五　繊維製品の輸入増加

次に、綿織物や毛織物などの繊維製品の輸入実態について概観しよう。表4－3では繊維製品の内、重量が判明する繰綿・綿糸・毛布だけを掲げたが、このほか主要輸入品には多種多様な綿織物や毛織物が含まれていた。これらの商品はイギリスをはじめとする西欧諸国の工業製品であり、こうした繊維製品は開港後、急激に日本人の暮らしの中に入り込んだ。

表4－3のもとになった統計資料では、天鵞絨・金巾・緋金巾・天竺布・寒冷紗・更紗・唐棧・雲斎布・繻

子・綿手巾・肌衣の一一種類の綿織物・綿製品を見ることができる。また、毛織物・毛製品としては、ブランケット・羅紗・フランネル・モスリン・呉呂・綾呉呂の六種類があった。綿織物や綿製品は着物の裏地などに用いられ、毛織物や毛製品は、和服の部分的な装飾や軍用品として活用されたといわれている。

輸入量については、年によってかなりの変動があるが、金額の面では繊維製品が輸入品の中でもっとも大きな位置を占めた。ちなみに、表4－4と表4－5は、一八七六年に横浜から輸入された綿織物・綿製品と毛織物・毛製品の一覧である。綿織物・綿製品の場合は、年間五五六〇万八四八九ヤード以上の品物が輸入され、毛織物・毛製品の場合は、一〇〇四万八七七三ヤード以上の品物が輸入された。

単位が長さ（ヤード）で表示されているため、その量の大きさをイメージしにくいが、一ヤードは約九一センチメートルであるから、輸入された繊維製品を横に並べると約五万九〇〇〇キロメートル以上に達したことになる。こうした繊維製品も横浜や東京の業者の手を経て、全国各地に輸送されたから、繊維製品の輸入の急増が、横浜を起点とする国内の運輸と流通を大いに活性化させたことになる。

表4－4　1876年に輸入された綿織物と綿製品

品名	数　量
天鵞絨	1,881,272ヤード
金巾	44,401,973　〃
緋金巾	2,751,683　〃
天笠布	1,585,482　〃
寒冷紗	1,236,497　〃
更紗	1,945,794　〃
唐桟	174,036　〃
雲斎布	534,436　〃
繻子	1,097,316　〃
綿手巾	8,104ダース
肌衣	8,644　〃

出所：『横浜市史　資料編2』「統計編」より作成。

表4－5　1876年に輸入された毛織物と毛製品

品　名	数　量
羅紗	154,885ヤード
ブランケット	189,057　斤
フランネル	83,985ヤード
モスリン	9,732,031　〃
呉呂	14,137　〃
綾呉呂	63,735　〃

出所：『横浜市史　資料編2』「統計編」より作成。

六　茶の輸出と生産地

ここで再び、輸出品に目を転じてみよう。表4-2に掲げた商品の中で、年間一万トン以上の輸出がおこなわれた商品のひとつに茶があった。茶の輸出が始まったのは幕末期のことで、開港の翌年には一四〇〇トン以上の茶が輸出された。その後も茶の輸出は続き、一八六一年には二二〇〇トン以上、一八六二年には二四〇〇トン以上、一八六三年には二七〇〇トン以上が輸出された。

その後は、幕府が貿易を抑制する政策を取ったため、一時期、輸出量が減少したものの、明治維新以降は、幕末期よりも多くの茶が海外に移出された。茶の輸出先はイギリスとアメリカ合衆国で、明治時代以降の輸出の急増はアメリカ合衆国向けの輸出増加にあった。また、輸出茶の大半は緑茶で、このほか少量の番茶や粉茶が輸出された。

茶の輸出港としては、横浜のほかに神戸があったが、神戸から輸出される茶には近畿地方で生産された茶が多く含まれ、横浜から輸出された茶には伊勢地方（三重県）や静岡県で生産されたものが多かった。また、茶輸出の増大によって、埼玉県や茨城県での茶の生産も急増し、横浜は、こうした地域で生産された茶の輸出港としても重要な位置を占めた。

一方、横浜が茶の輸出に占めた割合は、年によってかなりの変動があるが、重量では全輸出量の五五パーセントから八〇パーセントが、金額では六〇パーセントから八〇パーセントが横浜からの移出であった。こうした状況は一八九九年に清水港（静岡県）が開港し、静岡県で生産された茶が同港から輸出されるようになるまで続き、その間、横浜は日本最大の茶の輸出港としての位置を保ち続けた。

七　取引金額からみた横浜の貿易品

以上、横浜で取引された貿易品について概観したが、貿易の活性化にともない大量の物資が集散するようになったことが判明した。運ばれた物資の総重量については不明な点もあるが、一八八〇年代初頭には一〇万トンを優に超える貿易品が横浜で集散したと推測される。とこ

表4-6　横浜の主要輸出品の輸出総額に対する百分比

年　次	生糸類	蚕種	絹織物および同製品	茶	石炭	銅	漆器	陶器	米	昆布	海産物
明治元（1868）	58.4	23.6	—	15.0	—	0	0.3	—	—	0.2	0.1
2（　69）	51.5	29.8	—	13.5	0	0.5	0	—	—	0.5	—
3（　70）	42.1	30.6	—	23.8	0	0.2	0.4	—	—	0.2	—
4（　71）	54.9	15.0	—	23.3	0.1	0.7	3.1	0	—	0.1	—
5（　72）	56.0	13.7	—	21.8	0.1	3.1	—	—	—	0.3	0.5
6（　73）	48.9	20.1	0	22.1	0	1.3	0.8	—	—	0.7	0.9
7（　74）	44.2	5.8	0.1	38.5	0.1	2.1	1.3	0.4	—	0.3	1.5
8（　75）	45.9	3.8	0.2	39.1	0.2	1.5	1.0	0.3	—	0.2	1.2
9（　76）	64.1	8.9	0.1	16.4	0	0.7	0.4	0.1	2.2	0.1	1.3
10（　77）	64.3	2.2	0	16.9	0	2.5	1.0	0.4	5.1	0.2	1.5
11（　78）	55.8	4.2	0.1	16.8	—	1.4	0.7	0.6	6.2	0.4	2.5
12（　79）	59.0	3.1	0.1	24.2	0	1.6	1.1	1.0	0.2	0.5	2.0
13（　80）	53.6	5.3	0.2	25.4	0.1	1.1	1.9	1.8	0.3	0.3	2.2
14（　81）	59.9	1.5	0.4	21.2	—	1.0	2.2	2.7	0.3	0.5	1.6
15（　82）	69.9	0.5	0.2	16.8	—	1.1	1.7	0.8	0.1	0.3	1.5
16（　83）	71.1	0.2	0.3	14.4	0.2	1.4	1.6	1.2	0.2	0.3	2.2
17（　84）	60.3	0.2	0.6	16.8	0.7	3.3	1.7	1.5	0.2	0.3	3.1
18（　85）	58.7	0.1	0.9	17.7	0.7	4.6	1.4	1.5	0.2	0.5	1.8
19（　86）	62.0	0	2.2	15.6	0.6	4.4	1.3	1.7	0.5	0.3	1.8
20（　87）	63.9	0	0.5	13.7	0.6	3.4	1.3	2.0	0	0.3	1.5
21（　88）	69.9	0	0.5	8.9	0.7	4.0	1.0	1.6	0.3	0.3	1.2
22（　89）	68.3	0	1.3	8.6	0.9	2.8	1.1	1.8	0.1	0.2	1.5

出所：『横浜市史　3巻下』217頁第6表を引用。

ろで、本章での考察は重量の重い貿易品を中心におこなったが、これは重量の重い商品が運ばれることによって運輸が活発になると考えたからである。

しかし、一般的に主要な貿易品を考察する際に問題になるのは、重量ではなく取引金額である場合が多い。そこで、最後に重量の面では大きな位置を占めないが、金額の面で大きな位置を占めた貿易品についても述べておきたい。

表4-6および表4-7は、この点について具体的に示したもので、表4-6には輸出品を、表4-7には輸入品を掲げてある。それぞれの数字は輸出金額（あるいは輸入金額）が輸出総金額（あるいは輸入総金額）に対して占める割合を百分比で示したものである。輸出品については全部で一一品目を掲げ、一八六八年から一八八九年の変遷を示している。輸入品についても、

横浜の主要輸入品の輸入総額に対する百分比

3 毛織物	4 交織物	5 鉄	6 兵器	7 石油	8 薬	9 染料	10皮	11機械	12砂糖	13繰綿	14米
17.6	4.7	2.5	14.8	0.5	1.0	0.1	0.3	0.1	2.3	3.4	10.6
9.8	—	2.6	5.9	1.7	0.6	—	0.3	0.1	10.9	2.5	17.8
5.7	1.8	0.6	0.3	2.0	0.4	—	0.3	0.0	8.4	1.0	45.4
9.6	0.7	1.9	1.8	0.5	0.9	—	0.6	1.8	20.0	—	4.8
23.2	6.2	1.5	0.4	0.3	1.0	0.4	1.8	1.0	8.7	0.2	—
13.9	12.4	2.4	1.1	1.0	0.8	1.1	0.6	1.7	8.5	0.6	0.1
7.2	5.3	3.7	0.1	0.6	1.0	—	1.2	2.5	11.3	1.9	0.0
13.1	4.9	2.5	0.2	1.5	1.2	0.5	1.0	1.6	11.8	0.5	〔0.1〕
13.4	3.1	2.6	0.3	1.6	1.0	0.6	1.1	1.8	12.4	1.8	〔0.0〕
14.8	5.4	3.2	1.8	1.6	1.7	0.6	1.5	1.9	11.2	0.3	〔0.0〕
11.5	4.2	2.9	1.1	4.5	1.9	0.8	1.0	2.0	9.4	〔0.5〕	〔0.0〕
10.6	4.7	2.5	0.2	4.8	2.0	0.7	0.9	3.2	11.5	0.2	0.5
8.8	5.0	3.5	0.8	3.5	3.1	1.0	0.9	3.7	10.3	0.5	1.3
7.6	3.7	3.7	0.2	2.5	2.8	1.2	1.1	2.5	13.2	0.7	0.6
5.7	3.9	3.9	—	5.0	2.0	1.3	0.8	2.4	15.4	0.8	0.1
〔12.6〕		4.3	〔0.5〕	7.3	2.4	1.7	0.9	1.7	17.3	0.7	〔0.0〕
〔10.8〕		4.7	〔2.3〕	4.1	〔2.9〕	1.3	1.2	2.6	20.7	1.4	〔0.0〕
11.4		7.3	1.9	4.8	2.3	1.4	2.0	3.5	17.1	1.2	2.2
12.6		8.7	1.8	4.9	3.0	2.1	2.0	3.7	19.9	1.0	0.0
15.5		8.9	1.8	3.4	3.5	1.9	2.3	5.1	13.5	0.7	0.0
12.1		10.6	0.6	4.4	3.4	2.2	1.8	8.3	12.3	1.0	0.0
12.6		7.6	0.6	6.7	3.2	2.2	1.8	10.0	11.6	2.6	0.2

を引用。

同年次の一四品目の変遷が掲げてある。

この表から、輸出品については、横浜では生糸が圧倒的な位置を占めていたことが分かる。生糸は、重量では大きな位置を占めなかったが、高価な商品であったため、価格の面では横浜から輸出された商品の過半を生糸が占めた。これに次ぐ商品は蚕種（蚕の卵）と茶であったが、蚕種輸出は一八七四年以降、急速に衰退した。これは、蚕種の輸入国であったイタリアやフランスにおいて、蚕種輸入の原因になっていた蚕の病気が克服されたためであった。

これに対し、茶の輸出は、輸出総金額の一〇パーセント台から二〇パーセント台で安定していた。また、生糸・蚕種・茶を除けば、米と銅が年次によって高い割合を示すほか、それほど大きな割合を示す商品はない。ただし、安定的な輸出があるという点では海産物・漆器・陶器をあげることが

表4－7

年　次	1綿織物	2綿糸
明治元（1868）	20.8	14.2
2（　69）	16.5	20.2
3（　70）	12.7	15.1
4（　71）	25.3	21.3
5（　72）	14.5	27.3
6（　73）	20.6	14.8
7（　74）	22.1	20.3
8（　75）	15.2	18.0
9（　76）	19.2	21.9
10（　77）	15.3	20.7
11（　78）	13.2	28.7
12（　79）	15.5	25.8
13（　80）	15.1	27.4
14（　81）	15.6	29.7
15（　82）	15.8	26.5
16（　83）	10.6	22.9
17（　84）	7.8	17.0
18（　85）	10.6	15.7
19（　86）	7.8	16.5
20（　87）	7.8	14.8
21（　88）	7.8	17.4
22（　89）	7.6	17.9

出所：『横浜市史　3巻下』241頁第15表

できる。

次に、輸入品については、綿織物・綿糸・毛織物・交織物（毛と綿の交じった織物）などの繊維製品と砂糖が、各年次ともに大きな割合を占めている。また、明治初年には兵器と米が大きな割合を占めたほか、一八八〇年代後半から、鉄・機械・石油の輸入が増加している。さらに、薬の輸入については、大きな割合を占めることはなかったが、比較的安定的に輸入がおこなわれた。

第二節　横浜の都市化と運輸の活性化

一　消費の拡大と神奈川湊周辺地域

以上のように、貿易の開始は開港場を中心とする地域の運輸を活性化させたが、開港場そのものの都市化も運輸を盛んにさせる要因であった。第2章第二節で検討したように、開港後、横浜の人口は急激に増加し、一八六四（元治元）年に約一万二〇〇〇人であった市街地人口は、一八九三（明治二六）年には一四万三〇〇〇人を超えるに至った。これにともない、市街地で消費される物資の量も急増し、こうした物資を運ぶ運輸手段が整備されていった。

また、開港場で消費される物資を開港場に供給したのは、江戸時代から地域流通の拠点として機能していた神奈川湊を中心とした東海道沿いの地域であった。この地域は、第1章で検討したように、開港以前から数万人規模の人々が消費する物資を恒常的に集散する機能を持っていた。また、こうした機能は、開港後、一層活発なものになった。

たとえば、いくつかの旧家には、開港後、燃料の薪や炭が、東海道沿いの地域から横浜に送られたことを記した古記録が残されている。これらの燃料は、もともと江戸向けの商品であったが、開港後は横浜に送られるようになった。また、神奈川宿の魚問屋仲買が横浜に進出し、横浜住民に魚を販売したことを記した記録もある（神奈川県立公文書館蔵「神奈川宿本陣文書」）。個々の事例をひとつ一つ列挙するわけにはいかないが、開港後、横浜向けの物資輸送が急増し、これが横浜を中心とする運輸を活性化させていったことは間違いない。

二　二つの市街地をめぐって

このように、神奈川湊を中心とする地域は横浜を経済的に支える機能を果たしていたが、従来、この地域は、開港後、都市としての機能を横浜に奪われ急速に衰退したと言われ続けてきた。確かに、横浜は開港直後から「国際都市」として急速な発展を遂げ、たちまちの内に多くの家が建ち並ぶ大都市へと成長した。これに対し、神奈川湊を中心とする地域の発展がやや停滞的であったことは事実である。しかし、一八九〇年代頃までは神奈川湊を中心とする地域が、行政組織の面からみても、商業地域としての面からみても一定程度の独自性を持っており、この地域が横浜に都市としての機能を完全に吸収されたとは言えない面を持っていたのも事実である。そこで、ここでは明治時代に入ってからの二つの地域の歩みを概観してみたい。

まず、横浜の市街地が拡大していく過程を考察しておこう。開港直後の横浜では海岸部に面した部分に市街地が形成されていたが、その後、市街地は急速に内陸部に伸びていった。また、一八七二（明治五）年前後からは、鉄道の敷設にともない、現在のＪＲ桜木町駅から横浜駅にかけての海岸部が埋め立てられ鉄道に沿った地域が市街地になっていった。この結果、横浜と神奈川宿の市街地がひとつに繋がることになった。しかし、横浜から伸びた市街地と旧神奈川宿の市街地とは行政区分の上では別個のものとして扱われ、一九〇一（明治三四）年に神奈川町（旧神奈川宿）が横浜市に編入されるまで、二つの市街地は別々の町として存在した。

ちなみに、神奈川県が近代的な行政区画をはじめて定めたのは一八七三年五月のことで、この時、開港当初の横浜市街地とその後に拡張した市街地は第一区に編成され、東海道沿いの地域は第三区と第四区に入れられた。また、翌年に改正された行政区画では横浜市街地が第一大区第一小区になり、鉄道線路に沿った市街地は第一大区第二小区になった。この時、川崎宿から保土ケ谷宿までの地域は第三大区と第四大区の各小区に編成された。

その後、この地域の行政区画は一八七八（明治一一）年に制定された郡区町村編成法によって改定され、この時、開港当初の開港場を中心とする地域は横浜区となり、横浜区の下に八一カ町が編成された。一方、この時、東海道沿いの町村は橘樹郡に入れられることになり、神奈川町に橘樹郡役所が置かれた。

さらに、一八八九（明治二二）年に神奈川県では「市制・町村制」が施行され、従来、横浜区と呼ばれた地域が横浜市になった。また、この段階での横浜市には一三八の町があり、人口は一二万人を超えた。一方、東海道沿いの地域では、旧川崎宿を中心とする地域に川崎町が、その西の地域に町田村・生見尾村・子安村が置かれた。さらに、旧神奈川宿地域では神奈川町が、旧保土ケ谷宿地域では保土ケ谷町が成立した。

このように、横浜市街地と神奈川湊を中心とする東海道沿いの地域は、明治時代以降も行政的には別々の歴史を歩んだわけだが、経済的には二つの地域は相互に密接な関係を持っていた。そこで、次に、この点についてもう少し詳しく検討してみよう。

三　商人の分布から

表4-8は、一八九一（明治二四）年段階での横浜市と橘樹郡（神奈川湊を中心とする東海道沿いの地域）の日常消費物資を扱う商人の分布を示したものである。表では商品ごとに卸売・仲買・小売の軒数を示し、横浜市と橘樹郡とを比較した。業種としては一二業種を掲げ、業種ごとに商人の人数を示している。この表から商品の集散に大きな役割を果たした卸売商が橘樹郡に多数居住

表4－8　横浜市と橘樹郡の商人

(1)米穀類

	横浜市	橘樹郡
卸売	20	36
仲買	25	106
小売	300	211

(2)粉類

	横浜市	橘樹郡
卸売	9	7
仲買	18	2
小売	32	135

(3)麺類

	横浜市	橘樹郡
卸売	0	5
仲買	0	9
小売	55	38

(4)塩

	横浜市	橘樹郡
卸売	2	9
仲買	0	6
小売	150	115

(5)味噌・醬油・酢

	横浜市	橘樹郡
卸売	17	18
仲買	0	3
小売	260	110

(6)酒

	横浜市	橘樹郡
卸売	5	13
仲買	10	9
小売	310	212

(7)魚類

	横浜市	橘樹郡
卸売	40	10
仲買	18	86
小売	109	221

(8)青物

	横浜市	橘樹郡
卸売	3	6
仲買	0	31
小売	202	169

(9)材木・竹

	横浜市	橘樹郡
卸売	0	8
仲買	0	7
小売	32	100

(10)薪・炭

	横浜市	橘樹郡
卸売	0	0
仲買	0	19
小売	772	223

(11)古着・夜具類

	横浜市	橘樹郡
卸売	0	6
仲買	15	2
小売	320	116

(12)足袋・股引類

	横浜市	橘樹郡
卸売	0	7
仲買	0	3
小売	90	94

出所：明治24年調査『神奈川県統計書』より作成。

していたことが判明する。先に述べたように、橘樹郡には川崎町・神奈川町・保土ケ谷町などの東海道沿いの町々が含まれていたが、この表は、こうした町々に卸売商が多くいたことを示している。

たとえば、横浜市より橘樹郡に卸売商が多く存在する業種としては、米穀類・麺類・塩・味噌・醬油・酢・酒・青物・材木・竹・古着・夜具類・足袋・股引類をあげることができる（粉類・魚類は横浜市の方が多い）。また、その多くは横浜市には卸売商がいないか、あっても少数に限られるものが多く、こうした商品については橘樹郡の商人が流通の中核にいたことになる。さらに、薪炭については、横浜市・橘樹郡ともに卸売商が存在せず、橘樹郡に仲買商を一九人みることができるだけである。したがって、この商品についても橘樹郡が集散の拠点になっていたと思われる。

次に仲買商については、米穀類・麺類・塩・味噌・醤油・酢・魚類・青物・材木・竹・薪・炭・足袋・股引類が、横浜市より橘樹郡の方に多数の商人をみることができる（粉類・酒・古着・夜具類は横浜市の方が多い）。ちなみに、表4-8に掲げた卸売商と仲買商の合計人数は五九〇人で、この内、四〇八人が橘樹郡に居住している。

一方、小売商については、米穀類・麺類・塩・味噌・醤油・酒・青物・薪・炭・古着・夜具類など、いずれも横浜市の方が橘樹郡よりも多くなっている（粉類・魚類・材木・竹・足袋・股引類は橘樹郡の方が多い）。このことは、当時の人口の比率からみれば当然のことであり、小売商については横浜市の方に多くの店があったことになる。

残念ながら、各商品の具体的な流通経路を示すような古記録は残っていないが、常識的に考えて物資は卸売商→仲買商→小売商と流れるものであり、横浜市で消費された物資のかなりの量が東海道沿いの町々から供給されたと考えられる。すなわち、日常的に消費される物資については、明治時代中期になっても、幕末期に形成された東海道沿いの宿場→横浜という流通ルートが大きな位置を占めていたといえる。

四　『横浜商人録』から

では、横浜で消費された日常消費物資は、どれほどの量に達したのだろうか。残念ながら、この点について記した記録は残っていない。そこで、ここでは日常消費物資を扱った横浜市街地の商人の人数を示し、人口増加にともない消費が拡大した様子を眺めてみたい。

表4-9は、一八八一（明治一四）年に刊行された『横浜商人録』に収録された商人を示したものである。この商人録には横浜市街地に居住する商人一八七業種、三〇六八軒が収録されたが、表では日常消費物資を扱った商人だけを示している。この表から、市街地に多種多様な商品が運び込まれ、さまざまな商人が活動していたことをうかがうことができる。

まず、食品を扱った商人としては、米商・菓子商・酒商・青物商・魚商・芋商・乾物商・豆腐商・蕎麦商・果

表4－9　横浜市街地に居住した商人

業種	人数	業種	人数
荒物商	142	靴商	25
米商	130	織物商	25
古道具	129	薬商	25
菓子商	96	写真商	22
酒商	80	果物商	21
青物商	77	足袋商	20
時計商	62	醤油商	18
塗物商	59	桶商	15
西洋古着	57	舶来品	15
魚商	52	綿商	14
炭薪商	50	古徳利	14
芋商	49	畳商	12
煮売商	49	古靴直商	12
煙草商	48	紙商	11
古着商	35	袋物商	11
小間物	34	砂糖商	11
水油商	34	塩物商	10
乾物商	32	瓦商	4
下駄商	30	草履	3
豆腐商	27	牛肉切売	3
蕎麦商	27	筆墨商	2
陶器商	27	牛乳	1

出所：『横浜商人録』より作成。

物商・醤油商などをみることができる。なかには、牛肉切売・西洋菓子・牛乳などを扱う商人も存在し、国際都市らしい様相を示している。

　また、衣類や履物を扱った商人としては、西洋古着商・古着商・下駄商・足袋商・古靴直商・靴商・草履商などをみることができる。ここにも西洋諸国からの輸入品と思われる商品が見られるほか、古着や古靴などはリサイクル品を多く利用した当時の消費の実態を現在に伝えている。さらに、燃料である炭・薪・水油を扱う商人がみられるほか、人々の暮らしに不可欠の商品であった紙・桶・瓦・畳・筆・墨・提灯などを扱う商人も多数存在した。

　個々の商品の消費量については分からないが、住民だけでなく横浜を訪れる人々の消費を賄うだけの量は常備されていたと考えられる。また、ここに示した商品の大部分は遠隔地から輸送されたと考えられ、消費の拡大が運輸の活性化をもたらしていった。

第三節　維新後の東海道と物資の輸送

一　東海道をめぐって

　幕末から明治初年にかけて、横浜では運輸のあり方が大きく変化したが、次に、少し視点を変えて制度の面から運輸手段の移り変わりを眺めてみたい。特に、東海道を利用しての物資輸送について明らかにし、幕末から明治初年の東海道について考えたい(5)。

　すでに東海道については第2章第四節で取り上げたが、

江戸時代の東海道は、幕臣、諸藩の藩士、公家などが公用で通行するための道であった。そのため、彼らの荷物が頻繁に運ばれたが、民間の荷物が東海道を運搬されることは少なかった。また、遠方からの大量の荷物運搬には船が利用されることが多かった。

こうした状況が変化したのは明治維新後のことで、新政府がさまざまな規制を廃止してから、東海道が荷物輸送に利用されるようになった。たとえば、東海道は一定程度の荷物運送の機能を果たしてはいたが、幕府は宿場を保護するために、荷物を送る際に隣の宿場までしか運送を認めなかった。

これは、荷物が宿場を通過することによって、公用通行の拠点であった宿場に「運送料」などが入らなくなることを恐れたためで、こうした制度の存在が民間の荷物を運ぶ際の大きな障害になった。宿場ごとに荷物を積み替えることは煩雑であり、費用もかかった。そのため、料金を無視できる公用通行以外に東海道を利用することができなかったのである。

こうした障害がなくなったのは一八七一年一二月一六日（明治四年一一月五日）のことで、この日、大蔵省は宿場で荷物を積み替えることなく、四、五里先までの継ぎ通しを認めた。また、同時に従来、東海道で使用を禁止されていた荷車の使用も認可されたから、この時期から東海道に関する制度が大きく変化し始めたことになる。こうして、東海道は荷物運搬の道として、しだいに注目されるようになった。

二　戊辰戦争の勃発と「助郷」制度

東海道での荷物の運送方法が改定され始めた頃、東海道での荷物運搬を支えてきた「助郷」制度も廃止された。第2章第四節で述べたように、幕末の政治の混乱は公用通行の著しい増加を生み、「助郷」負担の急増が社会問題になっていた。負担を命じられた村々では、どのようにして負担を賄うかが問題となり、負担の軽減を頻繁に求めることになった。

こうした状況はその後も続き、最終的には戊辰戦争に際しての新政府軍の通行や天皇の東幸にともなう通行量の著しい増加によって、「助郷」制度を維持することが困難になっていった。そのため、新政府は「助郷」制度についても改定を余儀なくされていった。

「助郷」制度改定のきっかけとなった戊辰戦争が鳥羽・伏見で始まったのは一八六八年一月二七日（慶応四年一月三日）のことで、二月二五日には東征軍の進発準備が始められた。この時、東海道は東征軍の進軍経路となり、二月二九日には桑名までの沿道諸藩に対して宿場の警備と人馬の継立が命じられた。また、三月一一日には東海道先鋒総督の名古屋出発に先立ち、駿府から品川までの軍事物資の輸送手段の確保が沿道諸藩と代官に達せられた。

こうして諸藩の藩兵が続々と東海道を進軍することになり、開港場周辺では、三月二五日に薩摩藩・長州藩・大村藩・佐土原藩の四藩が藤沢宿まで進出した。また、四月一八日には海軍先鋒大原俊完が肥後藩・薩摩藩・筑後藩の藩兵とともに横浜に上陸し、その後、川崎宿に向かった。さらに、五月五日には、東征大総督有栖川宮が神奈川宿に到着し、新政府軍の進軍はクライマックスに達した。

また、一一月には天皇が東幸し、この時も大量に「助郷」が徴発された。たとえば、一八六九年一月に天皇が京都に戻った際には品川宿・川崎宿・神奈川宿・戸塚宿の四宿で一カ宿あたり一日四五〇人の「人足」が使役された。また、八月中旬から翌年一月中旬までの五カ月間の神奈川宿の人馬負担量は馬が約一万疋、「人足」が約一万八〇〇〇人であった。こうして、「助郷」をつとめていた村々の人々は一層の重い負担に苦しむことになり、宿場への出頭命令に対し「不参・遅参」が目立つようになった。

三　宿駅制度の廃止に向けて

こうした状況に対し、新政府が東海道での人馬継立を円滑に進めるための政策を打ち出したのは一八六八年六月二七日（慶応四年五月八日）のことで、この任にあたったのは新政府によって新設された駅逓司であった。この時、駅逓司は「助郷」を負担する村の数を増やすことを命じ、これ以後、この命令に基づき「助郷」制度が改編されていった。

残された史料（内閣記録局編『法規分類大全　五九巻』）によれば、駅逓司は、これまで「助郷」を負担していなかった東海道から遠く離れた村や公家や社寺が支配する村々からも人馬を提供させることを計画している。また、その際、宿場から遠く離れて人馬を提供できない村は負担量に見合った金を払うこととし、宿場では、この金で人馬を雇うことになった。

しかし、こうした駅逓司の計画は、実際には順調に機能せず、一八七〇年三月（明治三年二月）に出された「民部省達」には新たに負担を命じられた村の中には「助郷」を負担しない村が多いと記されている。実際、各宿場が遠方の村から人馬の提供を受けること、遠方の村まで金を徴収に行くことは大変なことであり、駅逓司の計画は机上の空論にすぎなかったのである。

ここにおいて、「助郷」制度は破綻し、「助郷」を負担する村の賦役によって支えられてきた宿駅制度は完全に行き詰まっていった。この結果、民部・大蔵両省は、宿駅制度そのものを廃止させることを決定し、両省によって六月一〇日に「宿駅人馬相対継立会社取建之趣意説諭振」と呼ばれる計画書が作成された。この計画書は一種の「行政指導書」で、宿場や「助郷」に替わって貨客の輸送をおこなう民間の機関を設立するための方法を記したものであった。

また、この「指導書」に基づき、翌年の暮頃から続々と東海道の各宿場で陸運会社と呼ばれる人馬継立組織が設立されることになった。もっとも、陸運会社は民間の組織とはいえ、官製の規則に基づき作られた特権的な人馬斡旋組織にすぎなかったが、こうした組織が作られたことによって、東海道での宿駅制度が廃止されることになった意義は大きかった。

四　陸運会社の活動と横浜

次に、宿駅制度が廃止された経過をもう少し詳しく考察してみたい。実際に東海道で宿駅制度と「助郷」制度が廃止されたのは一八七二年二月のことで、これにともない各宿場では陸運会社が設立された。たとえば、神奈川宿においては、宿駅制度が廃止された直前の一八七二年一月一〇日（明治四年一二月一日）に陸運会社が設立され、この時、陸運会社の設立を伝える「廻状」が作成された。

「廻状」によれば、神奈川宿での荷物の運送は、陸運会社が発行した鑑札を所持する「人足」によっておこなわれ、輸送代金は公用・私用ともに相対で支払われた。また、陸運会社の運営は従来から宿場の荷物運送を差配していた宿場役人が中心となっておこない、「人足」には宿場の住民や「助郷」を負担していた村の農民が採用された。

はたして、どれほどの人々が陸運会社の「人足」として働くようになったのかは分からないが、この時、彼らは「賃労働者」とはいえないまでも「賦役」とは違った形で荷物運送を始めたことになる。また、陸運会社に参加するかどうかの選択は個人に任せられていたから、この点についても「賦役」としての「助郷」とは大きく違っていた。さらに、運賃も相対で支払われたから、物資輸送は「賦役」から儲かる仕事へと変わりつつあった。

こうして、東海道を利用した運輸の方法はしだいに近代的なものへと変化したが、一方、横浜においても、この時期に陸運会社が設立され、新たな運輸システムが作られつつあった。この時、作成された「規則書」(『神奈川県史　資料編一八』四三三頁)によれば、この陸運会社では横浜から周辺の町村への荷物運送と八王子町(東京都八王子市)・木曽村(東京都町田市)・厚木村(神奈川県厚木市)などから横浜へ送られた荷物の受取人への発送業務をおこなうことになっている。遠方への輸送はおこなっていないが、横浜とその周辺地域では、陸運会社のもとで開港場と周辺の宿場や町村を結ぶ運輸網が作られていった。

第四節　船と鉄道を使って

一　和船による貿易品の輸送

陸運会社の設立後、しだいに東海道を利用した荷物輸送が増加したと考えられるが、陸路を利用した物資輸送は、鉄道が登場するまでそれほど拡大しなかった。大量の物資を運ぶには船の利用がもっとも簡便であり、開港以来、横浜では運輸手段として船が長く利用され続けた。たとえば、幕末に横浜から輸出された生糸は江戸を経由することが多かったが、その生糸の多くが和船を利用して横浜に送られた。また、輸入品については、一八八〇年代に輸入された商品のかなりの部分が船を利用して東京に運ばれ、その後、全国各地に転送された。

ちなみに、現在残されている京浜間の船による物資輸送について記した最も古い史料は一八六八年九月（慶応四年八月）のもので、新政府の築地役所が作成したものである（東京都公文書館蔵「諸願諸届」）。この史料によれば、新政府は、東京市中の運送業者が和船を利用して京浜間の物資輸送に携わることを認可している。また、この業者は、開港直後から京浜間の物資輸送に従事しており、政権交代にともない、再度、新政府から営業許可を受けた。

一方、この時期に新たに和船による物資輸送に進出する業者もあり、同月に記されたある史料は、築地居留地の開市にともない、東京に居住していた「横浜運送問屋」と呼ばれる廻船業者が東京・横浜間の航路に進出したと記している。さらに、横浜においても、和船による京浜間の物資輸送がおこなわれており、この頃から東京と横浜の業者は相互に運賃などについて協議し始めた。

協議の内容について記した史料（東京都公文書館蔵「神奈川往復書状留」）によれば、この史料が作成された一八六八年一〇月下旬まで、東京から横浜へ運ばれる物資は東京の業者が、横浜から東京へ運ばれる物資は横浜の業者が扱っていたようである。しかし、この方法では復路が空船になってしまうため不都合も多く、この時の協議によってどちらの荷物も運べるようになった。

また、運賃についても具体的に協議が実施され、荷物を運んだ際の運賃が品物ごとに決められた。この時、協議の対象となった品物には生糸・茶・干鮑などの貿易品が多く、ここからも和船が東京を経由して集散した貿易品を盛んに運んだことをうかがうことができる。

二　和船と蒸気船の競合

このように、京浜間では貿易品を中心に大量の物資が和船によって運ばれたが、これに加えて、横浜で消費された日常消費物資の多くも和船によって運ばれた。こうした商品の場合、二節で検討したように、いったん、東海道沿いの町々を経由したが、いずれにしても輸送手段としては和船が大きな役割を果たした。

また、第1章第二節で検討したように、一八九〇年代初頭の段階で、横浜から東京にかけての海岸部には二万艘以上もの和船が存在したから、これらの和船が京浜間の物資輸送に従事したと考えられる。また、大量の和船が存在することは、汽車などの近代的な運輸手段が登場したのちも、京浜間では和船が運輸手段として利用され続けていたことをうかがわせる。

ところで、こうした和船による物資の輸送に競合する形で、一八七〇年代初頭に京浜間航路に登場したのが蒸気船であった。京浜間において蒸気船による定期航路が開設されたのは一八六八年三月二日（慶応四年二月九日）のことであったが、この時は旅客の輸送だけがおこなわれた。また、一八六九年二月一日（明治元年一二月二〇日）に作成された史料（東京都公文書館蔵「神奈川往復書状留」）には、神奈川県が京浜間航路での蒸気船を利用しての貨物輸送を禁止していたとあり、しばらくの間、蒸気船が運輸に利用されることはなかった。

しかし、一八七〇年一月頃に、京浜間航路に就航していたシティ・オブ・エド号とカナガワ号が貨物の運送許可を受け、これ以後、蒸気船は貨物輸送の面で和船と競合することになった。また、その後、同航路に就航した他の蒸気船も貨物を扱ったから、しだいに蒸気船による京浜間での貨物輸送が増加していったと考えられる。

三　開港場を結んで

京浜間において蒸気船が物資を運び始めた頃、横浜と国内の他の開港場を結ぶ定期航路にも蒸気船が登場し、これらの船が物資を運び始めた。この航路に、最初に定期船を就航させたのはアメリカ合衆国の船会社太平洋郵船で、一八六九（明治二）年に横浜・神戸・長崎・上海を結ぶ月二回の定期便を開設した。また、一八七一年には、横浜・箱館間にも月一回の航路を開き、各開港場間の物資輸送は同社によって担われることになった。

開港場間での物資輸送について検討した小風秀雅氏に

よれば、太平洋郵船の船が運んだ物資の多くは貿易品であった。(6) また、開港場間での物資輸送が増加したのは神戸が開港した一八六八年以降のことで、この頃から、いったん、横浜に入港した輸入品が神戸を中心とした他の開港場に送られたりするようになった。また、横浜に集荷された輸出品が他の開港場に転送されることもあった。

もっとも、神戸が開港した当初は、定期航路が開設されていなかったため、開港場間の物資輸送は不定期航路によっておこなわれたにすぎなかったが、定期航路の開設が輸送量を急増させた。また、政府が一八六九年二月二〇日（明治二年一月一〇日）に外国船に対し、開港場間の物資輸送を公式に認可したことによって、外国船による物資輸送が一層急増した。

さらに、一八七〇年一月頃から太平洋郵船は横浜で発行された新聞に各開港場に荷物を運んでいることを示した広告を盛んに掲載し始め、貿易品に加えて、さまざまな物資の輸送もおこなうことになった。こうして、横浜と遠隔地を結ぶ物資輸送にも蒸気船が進出することになった。

四　鉄道を使って

京浜間での物資輸送は蒸気船の登場によって近代化への道を歩み始めたが、最後に登場した近代的な運輸手段は鉄道であった。日本最初の鉄道が品川と横浜を結んで開業したのは一八七二年六月一二日（明治五年五月七日）のことであったが、しばらくの間、汽車の運行は旅客を中心におこなわれた。貨物輸送が本格化したのは一八七三（明治六）年九月からで、この月の一三日に貨物輸送についての規則と運賃表が公布されている。(7)

その後、鉄道を利用した貨物の輸送は急増し、一八八六（明治一九）年には年間八万四〇〇〇トン以上の貨物が運搬された。表4-10は、貨物の運輸量の変遷を示したものであるが、貨物輸送を開始してから、若干の増減はあるものの、順調に輸送量が増加していることが分かる。

また、鉄道による貨物輸送の開始は、貨物営業が始まる直前の頃から、大きな話題になり、民間の運送業者の中には、早くから鉄道に注目し始める人々がいた。一八

表４-10　貨物輸送量の変遷

年　　度	貨　物
	トン
明治５年	457
６年	2,351
７年	17,249
８年１～６月	10,369
８年度	16,667
９年度	27,092
10年度	31,232
11年度	33,465
12年度	40,068
13年度	42,521
14年度	45,892
15年度	35,976
16年度	35,209
17年度	61,116
18年度	44,672
19年度	84,913

出所：『横浜市史　４巻上』619頁第164表を引用。

七二年四月二一日（明治五年三月一四日）には、それまで蒸気船を利用して荷物を運搬していた「運送問屋」が鉄道利用に切り替えることを工部省に願い出ているから（東京都公文書館「府志類稿」）、鉄道の開設は京浜間の運輸のあり方を大きく変えていったと考えられる。

もっとも、統計資料が不備なため、開港以来、一八八〇年代頃までの横浜を中心とした物資流通の実態を数字で示すことはできないが、明治維新以降、陸運・海運ともに大きく変化していったことは間違いない。最終的に、新たに登場した運輸手段の内、京浜間で利用された小蒸気船は鉄道に取って代られたが、全国の開港場間の物資輸送には、その後も蒸気船が大きな役割を果たし続けた。また、その一方で、江戸時代以来の伝統を持つ和船も利用され続け、東京湾内では比較的小さな和船によっても多くの物資が運ばれた。さらに、国内各地と横浜を結ぶ航路では「弁財船」と呼ばれる大型の和船が就航し、さまざまな日常消費物資を運搬した。こうして、横浜をめぐる運輸は、近代的な交通手段を生み出しながら、和船を含めた多種多様な運輸手段によって支えられていくことになった。

【参考文献】

（１）『横浜市史　二巻』（横浜市、一九五九年）第二編。
（２）熊澤徹「東アジアをめぐる国際関係と英仏駐屯軍」（横浜対外関係史研究会・横浜開港資料館共編『横浜英仏駐屯軍と外国人居留地』東京堂出版、一九九九年）、西川武臣『江戸内湾の湊と流通』（岩田書院、一九九三年）第五章。
（３）石井寛治『近代日本とイギリス資本』（東京大学出版会、一九八四年）第二章
（４）井川克彦「明治初期の横浜貿易市場における有力商人とその取引」（横浜近代史研究会・横浜開港資料館共編『横浜近代経済史研究』横浜開港資料館、一九八九年）。

（5）　西川武臣「維新期の東海道と人びとの暮らし」（山本光正編『東海道神奈川宿の都市的展開』文献出版、一九九六年）。
（6）　小風秀雅『帝国主義化の日本海運』（山川出版社、一九九五年）第三章。
（7）　西川武臣「幕末・明治初年の東京（江戸）・横浜間の水運について」（横浜開港資料館・横浜近世史研究会共編『一九世紀の世界と横浜』山川出版社、一九九三年）。

第5章　貿易品が運ばれた道

第一節　新しい流通ルートの形成

一　雑穀や水油の輸出と横浜周辺の「商人」

前章第一節では幕末から明治初年の貿易概況を考察したが、次に、貿易品がどのようなルートを使って運ばれたのかについて考えてみたい。特に、この時期の主要輸出品であった雑穀・水油・生糸・海産物について分析し、生産地から横浜に至る流通ルートが、どのようにして作られたのかを明らかにする。

最初に、開港直後に大量に輸出された雑穀と水油を取り上げるが、これら二つの商品を扱った貿易商には横浜周辺から開港場に進出した人々が多かった。幕府が貿易の開始を通達し、横浜へ商人を誘致し始めたのは一八五九年二月（安政六年一月）のことで、この通達後、各地からの移住者が急増した。一八五九年七月（安政六年六月）に刊行された『瓦版』によれば、この段階で一〇〇人以上の人々が横浜で外国人と取引することを願い出ているが、出身地の判明する九五名の内、三〇名が横浜周辺から開港場へ進出した。この数は、江戸を出身地とする三六名に次いで多く、横浜周辺に住んでいた人々が積極的に貿易に進出したことをうかがうことができる。

第1章で紹介したように、横浜周辺地域は江戸時代から物資流通の拠点として栄えた所であり、こうした地域の「商人」が貿易に大量に進出したことになる。また、彼らは、従来から雑穀や水油を扱っており、こうした「商人」によって開港後の雑穀や水油の輸出が担われることになった。

たとえば、江戸の水油仲買が、一八五九年一二月（安政六年一一月）に記した文書には、「神奈川宿と周辺地域の商人が水油を輸出し、その量は開港からの半年間で三万樽に達した」と書かれている。また、雑穀については、一八六〇年九月（万延元年八月）に書かれた大豆についての記録があり、一年間で約七万俵の大豆が、横浜周辺から開港場に進出した人々によって輸出されたと記されている。

さらに、これらの記録は、雑穀や水油が産地から直接横浜に送られていることを指摘し、大量の雑穀や水油が海外に輸出されたため、江戸では、これらの商品が不足していると述べている。従来、神奈川宿を中心とする地域は雑穀や水油の集散する地域として機能していたが、開港後、この地域の「商人」は、他地域へ雑穀や水油を送ることを止め、輸出へ振り向けるようになった。また、その集荷量も急増し、本来、江戸で消費されるものまで輸出されるようになった。こうして、開港後、輸出品の生産地と直結した流通ルートが、国内の物資輸送に大きな位置を占めるようになった(1)。

二　江戸問屋と「小商人」の活動

ところで、開港直後、横浜周辺地域から横浜に進出した「商人」の一人に、武蔵国橘樹郡下菅田村（横浜市神奈川区）出身の鈴木政右衛門という人物がいる。この人物は、一八六〇年に横浜に進出し、水油と雑穀を扱った（横浜市、鈴木家文書）。まず、雑穀については、横浜進出直後に約二五〇両の資金を投下し、三〇トンの大豆を購入した。この大豆は、武蔵国埼玉郡笠原村と同国足立郡三丁免村（両村とも埼玉県）の農民から買ったもので、荒川を下り、東京湾を経由して横浜に陸揚げされた(2)。

また、水油については、横浜周辺農村で生産された水油六〇樽をアメリカ一五番と呼ばれる外国商館へ洋銀三〇〇枚で売却した記録がある。残された記録が断片的なものであるため、鈴木家が扱った雑穀や水油の総量を知ることはできない。しかし、当時の横浜には鈴木家のような「小商人」が大量に存在し、彼らが新しい流通ルートを作り始めていたことは間違いない。

とはいっても小資本の「小商人」だけで貿易が支えられていたわけではないが、彼らの行動は、しだいに既存の流通体制に大きな影響を与えるようになった。たとえば、一八五九年五月七日（安政六年四月五日）に、江戸町奉行は、「小商人」の横浜進出によって江戸問屋の統制力が侵害されつつあると指摘している。また、同時期に、江戸の油問屋行事は、本来ならば江戸に入荷すべき水油が横浜に廻っていると訴えている。さらに、こうした商品の江戸での品不足が社会問題になっていたことは先に述べた通りである。

江戸時代において、「首都」である江戸で消費される物資を確保することは幕府にとって大きな問題であり、幕府は江戸問屋を通じて流通統制を強化することによって江戸で消費される物資を確保してきた。具体的には江戸問屋を流通機構の頂点に置くことによって、江戸での消費を他地域での消費に優先させてきたといえる。

また、幕府が江戸に近い横浜を開港したのは、貿易から得られる利権を幕府が掌握するためで、従来から幕府の「御用」をつとめてきた江戸問屋を通じて貿易を統制しようとしていた。しかし。貿易からの利益を掌握したいとする幕府の目論見は、輸出貿易に限れば、「小商人」が作り上げつつあった新しい流通ルートの出現によって崩れ去ろうとしていた。

三　生糸輸出の場合

こうした状況は、輸出総金額がもっとも多かった生糸の場合も同様であった。江戸時代において、全国的な生糸流通機構の頂点にいたのは、江戸と京都の糸問屋であった。彼らは、甲斐国（山梨県）から東北地方にかけて広がる生糸生産地をはじめとし、全国各地の農村から大量の生糸を集荷していた。集荷に際しては前貸金が投下され、彼らが集荷した生糸は西陣や桐生などの絹織物生産地に出荷された。

しかし、横浜開港後、生糸生産地から横浜へ直接生糸を送るルートが作られ、江戸や京都の糸問屋たちには生糸が入荷しなくなった。たとえば、群馬県勢多郡新里村の旧家吉田重雄家には、同地から横浜に進出した商人が、現在の福島県一帯で生糸を買い集めたことを記した文書がある。この商人は、もともと生糸集荷に携わっていたわけではなかったが、横浜開港後、大量の資金を生糸集荷に投下するようになった。

史料によれば、生糸の買い集めがおこなわれたのは、現在の福島県郡山市から二本松市にかけての農村で、彼らは数千両の資金を持参し生糸を購入した。また、この時、横浜の仲間に送った手紙には、現金が不足しているため、追加の資金を送付してほしいと記され、生糸生産地では、生糸取引をめぐって現金が飛び交っていたことをうかがうことができる。さらに、この手紙は、生糸の不足を伝え、開港後、輸出向けの生糸が急増し、著しい品不足が発生したことが分かる。

この史料が作成されたのは、一八五九年一一月（安政六年一〇月）のことであったが、この段階で、生糸生産地の人々が江戸や京都の糸問屋との前貸金に縛られた契約を破棄し、違約金を払ってでも横浜の商人と取引を始めたことがうかがわれる。もっとも、一八六〇（万延元）年になると、横浜での生糸価格が下がったため、生産地での利益率も低下したが、それでも、横浜へ向かう新しい流通ルートが生糸の主要な流通経路になっていった。

四　海産物の流通ルート

次に、横浜から輸出された海産物についても検討したい。前章で明らかにしたように、海産物は、横浜港の主要な輸出品のひとつであった（表4-1と表4-2参照）。ここでいう海産物とは、いりこ・干鮑・ふかの鰭などのことで、いずれも中国料理の原料であった。

また、こうした商品は、江戸時代初頭から長崎において中国人商人に販売されていた。その取引は幕府の統制下に置かれ、横浜開港後の自由貿易とは様相を異にしていたが、それでも、かなりの量の海産物が中国に輸出された。当時、全国各地で生産された海産物は、幕府の御用商人の手を経て、長崎に設置された「俵物役所」に出荷された。この役所は、幕府が設置したもので、海産物は、この役所を通じて長崎の中国人商人に販売された。

中国人商人との取引は、幕府の管轄下でおこなわれ、一般の商人は取引に関与することができなかった。しかし、横浜開港は、こうした統制貿易のあり方を一変させた。横浜は、海産物輸出の拠点のひとつになり、その取引量は短期間に急増した。輸出額全体に占める海産物の量は、必ずしも大きなものではなかったが、それでも一八八〇年代半ばの昆布の輸出量は一二万円を超え、干鮑の輸出量は三五万円近くに達した。

特に、干鮑については、日本から輸出される干鮑の過半が横浜から輸出されたから、開港後、急速に横浜向けの集荷ルートが作られたことになる。たとえば、横浜の海産物貿易商であった渡辺福三郎は、現在の茨城県や青いる(3)。

森県の漁村から大量の干鮑を集荷したことが分かって

五　五品江戸廻送令をめぐって

このように、横浜開港後、幕府や江戸問屋の統制下にはないような流通経路が登場したが、こうした状況に対し、幕府が公布したのが五品江戸廻送令であった。この法令は、一八六〇年五月九日（万延元年閏三月一九日）に公布され、主要輸出品の雑穀・水油・蝋・呉服・生糸の五品に限り、産地から横浜への直送を禁止し、江戸問屋を経由することを定めたものである。また、江戸問屋では、横浜へ送る荷物の検査が実施され、未検査の商品は輸出できないことになった(4)。

この法令の公布によって、横浜の貿易商は自由に輸出品を集荷できなくなる予定であった。また、検査に際しては手数料が徴収され、江戸問屋は輸出量に応じた手数料収入を得ることができることになった。さらに、法令の公布にあたっては、幕府内部でもさまざまな意見があったが、最終的には江戸での需要を優先すべきであると主張する江戸町奉行や勘定奉行の主導で法令は制定された。

しかし、この法令は、必ずしも有効には機能しなかった。たとえば、生糸の場合、法令の公布後、流通ルートは江戸問屋を経由するものに変更された。また、江戸問屋による手数料の徴収も実施された。しかし、一八六三（文久三）年秋から翌年秋の期間を除けば、輸出量そのものに制限が加えられたことはなかった。つまり、江戸問屋は、輸出生糸の数量検査を実施しているだけで、生産地の商人と貿易商との取引は、それ以前と変わることがなかったのである。

五品江戸廻送令が骨抜きになった背景には、貿易を振興させたいと考える外国奉行や神奈川奉行などが、法令を制定した江戸町奉行や勘定奉行と対立するような発言を繰り返したことがあった。また、横浜の貿易商も粘り強く反対運動を展開した。この結果、形の上では江戸問屋による統制がおこなわれているかのように見えながら、実際には生産地と横浜の貿易商は江戸問屋を抜きにした関係を強化していった。また、五品江戸廻送令そのものも、幕府が貿易振興に積極的に取り組むようになった一八六四年一〇月（文久四年九月）に廃止されることになった。

第二節　輸入貿易と江戸商人

一　輸入品についての研究から

以上のように、輸出品については、開港後、新しい流通ルートが機能するようになったが、次に輸入品に目を転じてみよう。横浜で輸入貿易に従事した貿易商については石井寛治氏の研究があり(5)、輸入貿易商には江戸商人が多かったことが判明している。

この研究は、幕末期に横浜に進出したイギリスの商館ジャーディン・マセソン商会の経営分析をおこなったもので、同商会が日本に持ち込んだ輸入品の分析から同商会の取引相手には江戸を出身地とする貿易商が多くいることが判明した。また、ジャーディン・マセソン商会は、幕末期の輸入貿易に大きな位置を占めた商館であり、こうした傾向が大勢を占めたといえる。

さらに、石井氏は、輸入貿易商に江戸商人が多い理由として「輸入貿易の決済が現金でおこなわれ、かつ一回の取引が大口であった」ことをあげた。つまり、輸入貿易に参画した貿易商人には、かなりの資金力を持っていることが要求されたと指摘したのである。確かに、開港直後の段階で地方から横浜に進出した商人よりも江戸商人の方に資金を持った者が多く、輸入貿易では江戸商人が他地域の商人よりも有利に取引を進めた。

また、石井氏は、江戸商人が多い理由として当時の流通ルートのあり方にも原因があったことを指摘した。石井氏の指摘によれば、輸入品の国内での流通経路は、江戸時代以来の江戸を集散地とするルートを利用するのが、もっとも簡便であり、この結果、旧来の流通ルートを掌握していた江戸商人が有利になったというのである。

もちろん、一口に江戸商人といっても多種多様ではあるが、こうした傾向があったことは間違いない。また、事実、輸入品の流通ルートは横浜→江戸（東京）→全国各地というものであり、輸入品に限れば、こうした伝統的な流通経路が機能し続けたといえる。

二　おもな輸入貿易商人

輸入品の流通経路について、もう少し詳しく検討してみよう。横浜の主要輸入品であった砂糖・綿糸・綿織物については、一八七〇年代半ばの輸入貿易商の扱い額を検討した井川克彦氏の研究がある。(6) この研究によれば、砂糖の場合、東京を出身地とする大坂屋神田銀蔵と増田屋幸兵衛の二軒の輸入貿易商が大きなシェアを占めていた。

この両店は、どちらも江戸商人の系譜を引き、大坂屋は江戸時代からもっとも有力な江戸の砂糖問屋であった大坂屋神田太助の店から横浜へ進出したものであり、増田屋は江戸の海産物・蝋問屋榎並屋の横浜店から独立した店であった。また、増田屋の場合、輸入砂糖を江戸の榎並屋を通じて全国に販売したといわれているから、井川氏の研究からも輸入品の流通ルートが横浜→江戸（東京）→全国各地であったことが確認できる。

次に、綿糸について、井川氏は、野沢屋茂木惣兵衛・越前屋中村惣兵衛・丸屋石塚清兵衛・鹿塩屋庄兵衛・石炭屋平沼専蔵・仲屋木村利右衛門の六軒の貿易商で、全輸入額の九七パーセント以上のシェアを占めたことを指摘した。この内、江戸商人の系譜を引く貿易商は越前屋・仲屋・石炭屋である。丸屋と鹿塩屋の出自は不明であるが、綿糸についても、江戸商人が大きな位置を占めた。

最後に綿織物であるが、井川氏は綿織物の内、生金巾の取引量を分析し、杉村屋甚三郎・鹿塩屋庄兵衛・越前屋中村惣兵衛・野沢屋茂木惣兵衛の四軒が大きなシェアを占めたことを明らかにした。この内、全輸入量の五四パーセントの生金巾を扱った杉村屋甚三郎は、江戸の丁子屋小林吟次郎店から独立した貿易商と伝えられ、綿織物の輸入についても江戸商人の系譜を引く貿易商が大きな位置を占めたようである。

三　幕府の「御用」をつとめて

このように輸入品は、江戸商人の系譜を引く貿易商の手を経て全国各地に送られたが、彼らは開港以前から幕府や諸藩の「御用」をつとめることが多く、そうした関係から横浜へ進出することもあった。そこで、最後に、開港直後に江戸から横浜に進出した輸入貿易商伊勢屋を題材に、この点について述べておきたい(7)。

伊勢屋が、史料に最初に登場するのは一八五八（安政五）年夏のことで、この史料には、伊勢屋が現在の滋賀県彦根市に城地を持つ彦根藩の集荷した産物（陶器・呉服・生糸・真綿・茶・炭・薪など）を江戸で独占的に販売したことが記されている（国立国会図書館蔵『旧幕府引継書』）。

伊勢屋が彦根藩から独占販売の権利を獲得した経緯は不明であるが、この史料は開港以前から伊勢屋が幕府の大老（井伊直弼）をつとめるような有力な藩の「御用商人」であったことを伝えている。また、伊勢屋が彦根藩の「御用商人」をつとめ始めた年は日本が諸外国と通商条約を締結した年であった。そのため、伊勢屋は、この頃から幕府の「御用商人」として諸外国との外交の舞台にも登場するようになった。

たとえば、開港後、幕府は現在の東京都港区の東禅寺に初代イギリス総領事の宿舎を置いたが、この時、伊勢屋は幕府から「小買物方」に任命された。「小買物方」というのは、イギリス人が江戸市中で買物をした際の世話や宿舎で消費される食料を購入する際の世話をする商人のことで、東禅寺には多数の伊勢屋の手代が派遣された。

また、伊勢屋は、一八六〇（万延元）年に日米修好通商条約批准のためにアメリカ合衆国に渡った幕府の使節団に「御用商人」として手代を随行させた。彼らは、使節団の食事や日常生活の世話をする「召使」のような存在で、使節団一行の渡米日記には伊勢屋の手代たちが使節一行の食事の準備をおこなったと記されている。こうして、伊勢屋は幕府との関係を強めていった。

四　伊勢屋の横浜進出

伊勢屋が横浜に貿易商として進出したのは、一八五九（安政六）年冬のことで、本町五丁目に店を持った。横浜進出の経緯については不明であるが、伊勢屋は開港直後から幕府と関係が深い「御用商人」であったから、横浜進出に際してはなんらかの幕府の誘致があったと考えられる。そのため、伊勢屋は、横浜進出後、さまざまな「御用」を幕府から命じられた。

一八六一（文久元）年に記された史料には、伊勢屋が「神奈川方御用達」として輸出入税の検査をおこなったと記され、幕府は従来から関係のあった江戸の商人を使って貿易に関する実務を担当させたようである。また、貿易商としての活動においても、伊勢屋は幕府との関係が深かった。

たとえば、石井寛治氏の研究によれば、ジャーディン・マセソン商会は一八六四（元治元）年の秋から暮れにかけて、伊勢屋と大量の金塊を購入する契約を結んでいる。この取引について石井氏は、伊勢屋が幕府の委託を受けて金塊を購入したと推測した。石井氏によれば、当時の幕府は四国連合艦隊による下関砲撃事件にかかわる賠償金の支払いに苦慮しており、巨額の金を確保するために、伊勢屋に金塊の購入を依頼したというのである。

であるとするならば、伊勢屋は輸出入税の検査をおこなうだけでなく、貿易商としても幕府と深くかかわりながら経営をおこなったことになる。はたして、事実がいかなるものであったのか、今後の検討を待つしかないが、興味深い指摘である。ともあれ、開港後の横浜では伊勢屋のような江戸商人が多数いたことは間違いなく、彼らは輸入貿易に大きな位置を占めていくことになった。

第三節　貿易をめぐる諸藩の動向

一　開港以前の「藩専売」

横浜での貿易の開始は、新たな流通ルートを作り上げたが、そうした流通ルートの形成には、いくつかの藩が関与していた。その方法は多種多様であるが、領内の産物を貿易品として横浜へ出荷することが多かった。また、藩が貿易に参加する場合、藩の主導で産物を集荷することが多かった。実際の実務は城下町の商人が担当したが、藩は城下町商人から利益の一部を「御用金」などの形で上納させ、藩の財政を潤わせることになった。

こうした藩主導の産物販売を「藩専売」と呼んでいる

が、幕末の横浜では「藩専売」による貿易品が一定程度の位置を占めていた。また、藩のもとで作られた流通・運輸の体制は近代に引き継がれ、新しい時代を作り上げていくことになった。そこで、ここでは諸藩が貿易に参加していく経緯と藩主導で作られていった流通や運輸の機構について概観したい。

最初に藩の動向であるが、開港直後に貿易に進出した藩の内、比較的史料が残っている上田藩と紀州藩を中心に取り上げたい。後述するように、両藩は、横浜を代表する輸出貿易商中居屋重兵衛を通じて領内産物を海外に輸出したが、それ以前から産物を江戸市中へ売り出すことを計画し、積極的な「藩専売」を実施した。

まず、上田藩については、一八五四年一二月（嘉永七年一〇月）に、領内産物を江戸で販売することを幕府に願い出た際に作成された史料（国立国会図書館蔵「旧幕府引継書、嘉永撰要類集」）が残っている。この史料には二人の江戸商人が窓口になり、上田藩の産物を販売すると記されている。また、紀州藩については、上田藩と同様の方法で領内産物を江戸で販売することを記した一八五七（安政四）年の計画書（同上史料）がある。

これらの史料によれば、両藩は多種多様な産物を江戸で販売することになっていたが、興味深いのは扱い商品の中に開港直後に両藩が海外に輸出した品物をみることができることである。たとえば、この時、上田藩は生糸を、紀州藩は茶を販売したが、これらの商品は開港後の代表的な輸出品であった。つまり、両藩は、こうした商品を領内から移出する体制を開港以前に作り上げていたことになる。こうした伝統に支えられて、両藩は開港直後から貿易に進出することになった。

二　横浜開港と「藩専売」

諸藩が貿易に進出する準備を始めたのは一八五九年二月（安政六年一月）のことで、この頃から上田藩・紀州藩・会津藩・棚倉藩・福井藩などが、横浜に進出する貿易商と打ち合わせを始めていた。これらの藩が貿易に強い関心を示した理由は分からないが、江戸湾の防衛に従事した会津藩や福井藩、開港前後の時期に老中や外国奉行の要職にあった上田藩や棚倉藩は、そうした経験に基

表5－1　各藩が輸出を希望した産物

藩名	産物名
紀州藩	塗物・木綿類・傘類・棕呂箒・棕呂皮・みかん・九年母・生蝋・干藻類・葛・陶器類・茶
会津藩	漆器類・人参・麻苧・織物・絹糸・絹織物・真綿・煙草・新刀剣・刀剣付属品・藻草
上田藩	白絹糸・絹織物・木綿・真綿・麻苧・うるし・紙・生蝋・傘類・石炭油・松油・人参・麦粉・鉛・鋸・鑵・煙草

出所：上田市立博物館蔵「滝沢家文書」より作成。

づき貿易が利益を生み出すことを知っていたのかもしれない。

また、諸外国との通商条約の締結に奔走した幕府の「外務官僚」が諸藩に対して貿易への参画を勧めることもあり、「外務官僚」の一人であった岩瀬忠震が肥後藩の家老に領内の産物を横浜へ出荷することを勧めたことを伝える史料（『改訂肥後藩国事史料』国書刊行会、一九七三年）が残されている。ともあれ、こうした諸藩が活発に領内産物を横浜の貿易商を通じて輸出したことは間違いない。

たとえば、先に示した上田藩と紀州藩は、会津藩とともに貿易商中居屋を通じて領内産物を輸出した。表5－1は、三藩が輸出を希望した産物の一覧で、全部で三〇種類以上に達している。各藩とも、一〇種類以上の産物を掲げ、さまざまな産物を輸出しようとしていたことが分かる。なかには、刀剣類・鋸などの金属加工品、みかん・人参などの食品、石炭油・鉛などの鉱物までみられ、各藩が横浜へ持ち込むべき品物を模索していた様子がうかがわれる。

また、このような多種多様な品物を扱うためには、しっかりとした集荷体制を確立する必要があった。そのため、各藩では開港に先立ち集荷体制の整備を急速に推し進めた[8]。上田藩の場合は一八五九年六月一〇日（安政六年五月一〇日）に領内の商人を呼び集め、産物を「産物会所」に出荷するように命じた。

「産物会所」というのは上田藩が設立した「流通統制機関」で、領内の産物を独占的に買い取り、横浜へ出荷する組織であった。また、上田藩では貿易から多額の利益を見込んでおり、売上金の二パーセントを「産物会所」が藩に上納することになっていた。さらに、「産物会所」の運営は城下町商人がおこない、商人たちにもかなりの利益が得られるようになっていた。

おそらく、他の諸藩の「藩専売」も上田藩と同様の方法が取られたと考えられ、「藩専売」は藩と城下町商人が貿易からの利益を分配する形で実施された。諸外国との貿易は通商条約によって、権力による統制が禁止されていたが、輸出品の生産地においては、こうした藩権力による流通統制が一般的におこなわれた。また、幕末段階では、こうした方法を取ることが、大量の品物を集荷するもっとも良い方法であり、短期間に貿易が拡大した理由のひとつに諸藩の貿易参加があったと考えられる。

三　生糸輸出の隆盛と上田藩

開港直後の「藩専売」について記した史料が、上田藩城下町商人の子孫の家に残されている（上田市立博物館蔵「滝沢家文書」）。この史料によれば、上田藩が交易を開始したのは一八五九年七月一八日（安政六年六月一九日）のことであった。この日、横浜では「上田糸」（上田藩が出荷した生糸のこと）輸出についての交渉があり、この求めに応じて城下町商人が生糸買付けに着手した。また、八月上旬の記録は、アメリカ人から四五駄、オランダ人から七駄の生糸注文があったと記している。

さらに、九月六日の記録は、大量の生糸が上田藩から横浜へ出荷されたことを伝えている。この史料によれば、上田藩はオランダ人に四四箇の生糸を販売している。また、フランス人に対しては、四二〇〇キログラムの生糸を売却する契約が成立したと記している。さらに、一一月一九日に城下町商人が生糸代金六七〇〇両を「産物会所」に持参したことを記した史料もある。

史料に記された生糸の数量が明確ではないため、上田藩が出荷した生糸の総量は不明であるが、これらの史料に記された生糸だけでも、六〇〇〇キログラムは超えていると考えられ、この数字は、この年に輸出された生糸の約四パーセントにあたる。つまり、開港直後の横浜では、「藩専売」によって出荷された生糸が一定程度の位置を占めていたのである。

生糸以外の商品については、確たる研究がないため、「藩専売」による貿易の実態を明らかにできないが、さまざまな商品が藩によって、横浜に出荷されたと考えられる。

四　前橋藩と生糸貿易商

生糸貿易にもっとも大きな影響を与えた藩は、現在の群馬県前橋市に城地を持つ前橋藩であった。一八六一年一二月（万延元年一二月）に生糸貿易に進出することを決定した前橋藩は、一八六二年六月（文久二年五月）には横浜の生糸貿易商五軒を選び、この五軒に対し前橋藩が出荷する生糸の独占販売権を与えた。当時、前橋藩は年間百数十トンの生糸を出荷したといわれていたから、これ以後、前橋藩が出荷する生糸は横浜市場において大きな位置を占めた。

また、五軒の貿易商は、前橋藩の生糸を外国商館に販売するたびに、販売額の一分五厘程度の手数料を徴収し、手数料収入だけでも年間数万両の収入を得ることになった。さらに、この五軒の貿易商の中から、明治時代の生糸貿易を担っていった大貿易商が生まれたから、前橋藩の「藩専売」に関与したことが、その後の貿易商の成長に大きな影響があったことになる。

たとえば、この時、前橋藩の生糸を扱った貿易商に吉村屋という貿易商がいたが、この貿易商は一八七〇年代半ばには、横浜から輸出された生糸の約一七パーセントを扱っていた。当時、吉村屋より多くの生糸を扱った貿易商は二軒だけであり、吉村屋は横浜で最大規模の貿易商であった。

また、この店が扱った生糸の多くは旧前橋藩領の荷主から出荷され、吉村屋は荷主から生糸を預かり、外国商館に販売し手数料を得ることで経営を維持していた。おそらく、こうした関係は前橋藩の「藩専売」のもとで作られたのであり、明治時代に入ってからの生糸貿易にも「藩専売」が大きな影響を与えていたことになる。

第四節　「絹の道」を訪ねて

一　浜へ通じる道

最後に、さまざまな貿易品が運ばれた道について検討したい。しかし、具体的に貿易品が運ばれた道がどこにあったのかを検討することは大変難しい。なぜなら、横浜へ通じるすべての道は貿易品が運ばれた道であり、特定の道だけを貿易品が運ばれた道であると断定するわけにはいかないからである。たとえば、生糸が運搬された「絹の道」について分析した高村直助氏は、旧来の「絹の道」についての研究が八王子から横浜へ通じる道だけを対象とすることが多く、「絹の道」の多様性に注目しないことに批判を加えた(9)。

確かに、八王子からの道は、生糸が運搬されたルートのひとつではあるが、そのほかにもさまざまな道が生糸運搬に使われたのであり、こうした道の存在を実証的に明らかにしていく必要がある。もっとも、近年では川船や海船を利用した「絹の道」についての研究もおこなわれるようになり、その実態がしだいに明らかになりつつある。そこで、ここでは、もっとも研究が多くある「絹の道」を取り上げ、貿易品が運ばれたルートについて考えてみたい。なお、鉄道開通後は流通ルートが大きく変化するので、開港から鉄道が開通する直前の時期に限定して考察を進めたい。

幕末から明治初年にかけて輸出生糸を生産していた地域は、現在の福島県、群馬県、長野県、山梨県および東京都八王子市から埼玉県秩父地方一帯であった。これらの地域からは大量に生糸が横浜に送られたが、前節で述べたように、五品江戸廻送令が機能している間は、各生産地から江戸を経由して横浜へ送られるルートが一般的であった。

しかし、その時期以外は、いくつかの道が生糸の輸送経路として利用された。たとえば、東京都八王子市周辺の地域で生産された生糸は、馬の背に付けられ、現在の東京都町田市を経由して神奈川宿から横浜に至ることが多かった。このルートは、開港以前から相州小麦や相州大豆が輸送されたルートと重なる部分があり、このルートが生糸輸送の道として利用されるようになった。

また、相模川が生糸輸送に使われたことを記した史料もあり、山梨県などで生産された生糸が輸送されたと考えられる。この史料では、生糸は現在の神奈川県厚木市で船から馬に積み替えられている。さらに、群馬県や長野県で生産された生糸は利根川の河岸で船積みされ、江戸川と東京湾を経由して横浜へ至ることが多かった。

二　前橋藩の記録から

もう少し詳しく残された史料から「絹の道」について考えてみたい。最初に紹介する史料は『前橋市史　三巻』に収録されたもので、一八六一（文久元）年に作成された文書である。当時、前橋藩は「藩専売」による生糸輸出を実施していたが、史料は藩の統制下で生糸を出荷する際の計画書として担当役人によって作成された。

史料によれば、前橋藩領で集荷された生糸は、利根川の平塚河岸（群馬県境町）から船に積み込まれた。この河岸は、利根川の河岸の中でも有数の河岸であり、多くの河岸問屋や船問屋が存在した。生糸は、この河岸の田部井伊惣治という河岸問屋が扱い、利根川と江戸川の分岐点にある関宿（千葉県関宿町）の野村勘兵衛に送られた。

また、野村勘兵衛は江戸川を利用して生糸を江戸に送り、生糸は小名木村（東京都江東区）に置かれた中川番所（利根川・鬼怒川水系を利用して運ばれる物資の検査をおこなった幕府の役所）を経由して、江戸深川（東京都江東区）に設置された藩の蔵に運ばれた。

藩の蔵では江戸問屋による数量検査が実施され、最終的に海船に積まれて横浜の貿易商に送られた。利用された船については記していないが、当時、江戸から横浜へ生糸を運搬する和船による定期航路があったから（第4章第四節）、こうした船が利用されたと考えられる。

また、前橋藩が輸出した生糸は膨大な量に達したから、ここに示した流通経路は幕末期のもっとも主要な「絹の道」だったことになる。さらに、廃藩置県後に「藩専売」がなくなった後も、利根川・江戸川を利用するルートは長く利用され続けたといわれている。

三　「武州糸」を運んで

幕末から明治初年に横浜から輸出された生糸のひとつに「武州糸」と呼ばれるものがある。この生糸はおもに武蔵国内で生産されたもので、埼玉県の秩父地方、東京都八王子市周辺、神奈川県津久井町一帯で生産された生糸を含んでいた。「武州糸」が全輸出生糸に占める割合は、明治初年の段階で約一〇パーセントであり、群馬県や長野県で生産される生糸よりは少なかったが、それでも主要な輸出生糸のひとつであった。

「武州糸」について記した比較的古い記録（『横浜市史　資料編一巻』「生糸横浜輸出調」）は、一八六三（文久三）年に江戸の糸問屋が記した輸出状況の調査書であり、この史料には「武州糸」が主に八王子宿とその周辺地域の商人が集荷する生糸のことを指していると記されている。また、これらの生糸を「八王子糸」と呼ぶことがあるとも記されている。

さらに、「武州糸」の流通ルートについては、一八六〇年八月六日（万延元年六月二〇日）に記された史料（『横浜市史　資料編一巻』「外国貿易諸色一件」）があり、八王子で集荷された生糸が、横浜へ送られる道があったと記している。

八王子から横浜に向かう道にはいくつかのルートがあったが、史料は、生糸の運ばれたルートが、どの道を指すのかについては触れていない。しかし、現在のＪＲ横浜線に沿った「神奈川道」（神奈川宿に向かう道）を利用することが多かったと考えられる。この道は、平坦であり物資輸送に適していたから、生糸についても「神奈川道」を利用したと考えられる。

また、こうしたルートは、第一節で検討したように、五品江戸廻送令の公布によって大きく変化することを余儀なくされた。この点について、横浜の貿易商が、一八六〇（万延元）年夏に、「武州糸」が江戸に送られるようになってから、雑費や日数がかかるようになったと記しているが、法令の公布は「武州糸」の価格にも影響を与えた。しかし、政治的に作られた流通ルートが長続きするはずもなく、一八六四（元治元）年に五品江戸廻送令が廃止されると、旧来の流通ルートが復活することになった。

四　東京湾を渡って

最後に東京湾を渡って、東京から横浜へ運ばれた貿易品について考えてみよう。一八七〇年一〇月（明治三年九月）、東京府は政府の命令に従い、東京と横浜の間で運ばれた物資の種類と量を調査した。調査結果は一冊の書類（『東京市史稿　市街篇五二』「港出入物資及積荷問

表5-2　京浜間を運ばれた物資

No	品　名	数　量
1	生糸	1,000箇
2	種紙	1,366,493枚
3	茶	3,000箇
4	材木	3,000本
		30,000束
5	瓦	600,000枚
6	石	1,500本
7	じゃが芋	300俵
8	鮫ヒレ	100俵
9	昆布	500俵
10	干鮑	200俵
11	蝋燭	100箇
12	鰹節	300樽
13	紙類	300箇
14	瀬戸物	1,500俵
15	干鰑	100俵
16	織物	4,500箇
17	砂糖	15,000俵
18	唐綿	500箇
19	鉄類	200,000斤
20	米	

出所：「港出入物資及積荷問屋調査」より作成。

屋調査」）にまとめられ、政府に提出された。この調査書によれば、東京から横浜へ船を利用して送られた物資は三四品目で、横浜から東京へ船を利用して送られた物資は七品目であった。

表5-2はその一覧であるが、東京から横浜へは、生糸・蚕種・茶・海産物などの輸出品が大量に送られたことが判明する。また、横浜から東京へは砂糖・輸入米・織物などが運ばれている。輸送量については、一カ月当たりの平均であり、蚕種だけは六月下旬から九月下旬までの輸送量が掲げてある。

ちなみに、生糸については一〇〇〇箇を運んだと記され、現在の重さに換算すると約三三トン程度になる。また、蚕種は三カ月間で約一三六万六〇〇〇枚が、茶は一カ月平均三〇〇〇箇が運ばれた。さらに、昆布五〇〇俵、干鮑二〇〇俵など、かなりの海産物が船を利用して運ばれている。一方、輸入品については、織物が四五〇〇箇、砂糖が一万五〇〇〇俵で、米については、運輸量は不明であるが去年から今年の夏にかけて運輸量が急増したと但し書きが付いている。

次に、この調査書には京浜間の物資輸送に従事した東京の運輸業者の名前が書き上げられている。その人数は一五軒で、東京では一五軒の運輸業者が物資輸送を担っていたことになる。第4章第四節で明らかにしたように、横浜にも同様の運輸業者が存在したから、全体の輸送量は、ここに示した量の倍ぐらいになったと推測される。

以上のように、さまざまな横浜に通じる道が存在したが、生糸が運ばれた「絹の道」以外は、どのような物資が、どのような運輸手段を利用し、どのような業者によって運ばれたのか、今後、研究を深めていかなければならない現状にある。また、近代的な交通手段が続々と登場した時期には、貿易品が運ばれたルートも急激に変化したと考えられるが、そうした点についても実証的に研究を深める必要がある。

【参考文献】

（1）西川武臣『江戸内湾の湊と流通』（岩田書院、一九九三年）第五章。

（2）同前。

（3）『横浜市史　補巻』（横浜市、一九八二年）「幕末・明治前期における売込商石炭屋の経営形態」。

（4）『横浜市史　二巻』（横浜市、一九五九年）第二編。

（5）石井寛治『近代日本とイギリス資本』（東京大学出版会、一九八四年）第一章。

（6）井川克彦「明治初期の横浜貿易市場における有力商人とその取引」（横浜近代史研究会・横浜開港資料館共編『横浜近代経済史研究』横浜開港資料館、一九八九年）。

（7）西川武臣「横浜開港と江戸商人の活動」（横浜開港資料館編『横浜開港資料館紀要　一七号』横浜開港資料館、一九九九年）

（8）西川武臣『幕末・明治の国際市場と日本』（雄山閣出版、一九九七年）第一章。

（9）高村直助『明治の経済』（塙書房、一九九五年）第一章。

第6章　情報を運んで

第一節　郵便制度の創出

一　飛脚から郵便へ

第2章第三節で、開港後、横浜に飛脚問屋が進出し、新たな情報伝達のルートが作られたことを紹介したが、次に、飛脚問屋による手紙の輸送が廃止され、郵便制度が整備される過程を考察したい。日本で郵便事業が始まったのは一八七一年四月二〇日（明治四年三月一日）のことで、この時、東京・大阪間に開設された郵便路線は、翌年夏までに全国に拡大された。郵便局の数は、創業約一年で一一五九局へと増加し、郵便は短期間に人々の暮らしになくてはならないものになった。

郵便制度の「生みの親」といわれる前島密が、民部省・大蔵省の両省合同会議で役所間の通信事務を飛脚から郵便に変更することを提案したのは、一八七〇年六月一七日（明治三年五月一九日）で、これ以後、政府が運営する郵便によって公用の通信をおこなう計画が実現に向けて動き始めた。

前島が、このような提案をおこなったのは、従来、民間の飛脚問屋に依頼してきた通信事務が極めて高額であったためで、政府は飛脚問屋へ支払う運賃よりも安い費用で公用の手紙や書類を運べると目論んでいた。この計画に基づき、最初に飛脚問屋への委託を廃止したのは、公用通信の量が多かった東京と京都・大阪を結ぶ路線であった。

この路線では八月七日から、政府直営で手紙や書類の輸送が開始された。当時、作成された計画書（郵政省編『郵政百年史資料　一二巻』「駅逓明鑑」）によれば、公用通信は輸送時間によって四種類に区分され、もっとも早い「大至急御用状」は京都まで三日間で到着した。また、もっとも遅い「並御用状」は六日間であった。ともあれ、こうして公用通信から通信業務の近代化が始まり、官営の郵便事業が発足した。

一方、私的通信では、この段階でも数軒の飛脚問屋が独占的に手紙や書類を輸送していたが、政府は私用の通信についても政府が請け負うことを計画した。この計画が公表されたのは、一八七一年三月一四日（明治四年一月二四日）で、四月二〇日から東京・大阪間の路線で私的な通信を輸送することが布告された（前掲「駅逓明鑑」）。布告によれば、郵便物は毎日運ばれ、東海道の途中の町でも郵便物の授受ができた。こうして公用に限定されていた郵便は、広く一般にも開放される道が開かれた。

ちなみに、政府が私的な通信にも郵便を活用しようとしたのは、統一的な国内市場を作り上げるために、私的通信の迅速化と低廉化が必要であると考えたからであり、国内産業の育成に郵便網の整備が不可欠であると認識したからであった。この結果、これ以後、全国的な郵便網が、政府によって急ピッチで作られていくことになった。

二　飛脚問屋との競争

北海道の大部分（北海道西南部の旧松前藩領以外の地域）を除く全国各地に郵便網が形成されたのは、一八七二年八月四日（明治五年七月一日）のことで、東京・大阪間で私的な郵便物が運ばれるようになってから、わずか一年半後のことであった。

もっとも、全国的な郵便網といっても、郵便が届いたのは、県庁所在地をはじめとする主要な「都市」だけではあったが、少なくとも都市部においては全国どこでも定期的に郵便が運ばれることになった。さらに、一八七四（明治七）年には沖縄にも定期的に郵便が運ばれるようになり、一八七六（明治九）年には北海道全域にも郵便網が拡大した。

こうして、郵便は国民の中に定着したが、政府が東京・大阪間の公用通信の官営化を開始した一八七〇年八月七日（明治三年七月一一日）から飛脚問屋による手紙の運搬が全面的に禁止された一八七三（明治六）年五月一日までの約二年九カ月間は、官営郵便事業と民間の飛脚問屋の営業が激しく対立した時期であった。

たとえば、最初に東京・大阪間の公用通信が政府の直営事業になった際、東京の五軒の飛脚問屋（島屋・和泉屋・京屋・山田屋・江戸屋）は、郵便事業が飛脚問屋の経営を悪化させるとして計画の見直しを迫っている。

この時、作成された「歎願書」（前掲「駅逓明鑑」）によれば、彼らは料金を引き下げるので政府に従来通りの営業を認可して欲しいと願い出ている。また、郵便事業が私的通信の分野にまで進出することが決定された時期にも、各地の飛脚問屋が同様の「歎願書」を提出している。これらの嘆願は政府に受け入れられず、郵便事業が推進されたことは先に述べた通りである。

残念ながら、この間の郵便と飛脚の輸送量をそれぞれ数字で示すことはできないが、路線によっては飛脚問屋が有利に顧客を獲得したこともあったようである。たとえば、第1章第三節で紹介した京屋の場合、横浜と群馬県を結ぶ郵便路線が開設された後も、京屋が手紙を群馬県各地に輸送している。これらの手紙については、一八七二年三月中旬（明治五年二月上旬）頃まで京屋が運んだことを確認できるから、郵便事業の政府独占体制は、政府が法的に規制を加えた一八七三（明治六）年五月一日まで簡単には確立しなかったといえる。

三　横浜を起点として

先に述べたように、東海道で私的郵便の輸送が始まったのは一八七一年四月二〇日（明治四年三月一日）であったが、横浜での郵便取扱業務の開始は少し遅れた六月のことであった。神奈川県が政府に提出した書類（『神奈川県史料　五巻』神奈川県立図書館、一九六九年）には、この時、横浜弁天通の山室亀吉の家を郵便仮役所（郵便局）として借り上げ、同地において郵便取扱業務を開始すると記されている。

また、この書類には、横浜が東京・京都・大阪に準じて手紙の送受信が多いところであり、利用者の便宜をはかるために郵便局を設置したと述べられている。具体的な横浜の郵便局の業務については、同年八月から九月にかけて利用者に配られたビラに記述がある。

このビラによれば、横浜の郵便局では、東京との手紙の送受信、横浜と関係が深い地域との手紙の送受信、横浜近傍の地域との手紙の送受信をおこなった。この内、東京への手紙の送受信は一日二回おこなわれ、重さによっていくつかの料金が定められた。また、定期便以外に利用者が別途郵送を依頼することも可能であり、これについても重さに応じた料金が定められた。さらに、金札

（紙幣）の送付も可能で、金額によって八区分に料金が設定された。

一方、横浜と関係が深い地域との手紙の送受信は、距離によって料金が区分された。具体的には、八王子へ向かう中継点であった原町田（東京都町田市）、横須賀製鉄所が置かれた横須賀（神奈川県横須賀市）、生糸の集散地であった八王子（東京都八王子市）・桐生（群馬県桐生市）・高崎（群馬県高崎市）・甲府（山梨県甲府市）・上田（長野県上田市）などへの輸送料金が定められた。

これらの地域には、定期便は設定されておらず、利用者が依頼するごとに郵便の発送がおこなわれた。そのため、料金も東京向けの郵便よりも高く設定された。この段階での飛脚の料金は不明であるが、路線によって飛脚問屋が優位に立っていた原因には、定期便が開設されていない地域への手紙の輸送が高額であったという問題があったのかもしれない。

最後に横浜周辺地域への郵便の送受信については、横浜を起点にして約二〇キロメートル以内の地域への手紙の輸送が実施された。この地域への手紙の送受信には定期便があり、比較的安い料金で手紙を送ることができた。第1章第三節で紹介したように、横浜はさまざまな情報の発信基地であり、そのため、比較的早くに郵便局が設置された。また、全国各地に郵便局が設置され、定期的な郵便の輸送が可能になるのにともない、郵便を利用した横浜からの情報の伝達が増加したと考えられる。

四　近代的な交通手段を使って

このように郵便制度は急ピッチで整備されたが、郵便事業が始まった頃の郵便物を運ぶ手段は従来の飛脚と変わるところがなかった。運搬方法はもっぱら人間の脚力に頼っており、輸送時間も短縮することが困難であった。また、一時期、郵便運搬専用の人力車が利用されたこともあったが、人力車が輸送に大きな位置を占めることはなかった。

こうした状況を変えたのは郵便馬車の登場であり、馬車の利用によって、手紙の輸送にも近代的な交通手段が使われることになった。日本最初の郵便馬車は、一八七二年六月（明治五年五月）から東京と高崎（群馬県高崎市）を結ぶ路線で走り始めた。また、翌年からは京都と大阪の間でも馬車利用が始まった。これによって、重量の重い郵便物を運ぶことができるようになった。

一方、品川と横浜の間に鉄道が開通した一八七二年六月一二日（明治五年五月七日）以降、鉄道による郵便輸送が開始され、その後、鉄道の利用が急増した。一八八〇年代に作成されたと推測される「横浜駅逓出張局管区郵便線路図」（横浜開港資料館蔵）によれば、東京と横浜間の路線では、すべての郵便物が鉄道を利用して運ばれている。

また、この史料は、鉄道を使って神奈川駅まで運ばれた郵便物の一部が、神奈川駅で馬車に積み替えられ小田原方面へ転送されたと記している。この郵便馬車については、『神奈川県史　資料編一八』にも関係史料が収録され、一八七四（明治七）年八月に内国通運会社によって運行が始められたことが分かっている。

さらに、この馬車便は、一八七五（明治八）年には熱田（名古屋市）まで、翌年には京都まで延長され（一部の区間は脚夫・人力車・渡船などを利用）、最終的には神奈川駅を午後に出発した便が五六時間後に京都に到着することになった。こうして、日本の郵便制度は、輸送手段の面でもしだいに近代化していくことになった。

五　外国郵便局の活動

最後に、横浜での外国郵便業務について概観したい。開港後、横浜には多くの外国人が居住し、彼らは郷里の人々と盛んに手紙を遣り取りした。また、貿易の活性化は、外国との通信を活発にさせ、日本と欧米諸国とを結ぶ郵便制度の整備が必要となった。

開港当初の外国郵便業務は、諸外国政府の委託を受けた外国商社によっておこなわれたが、やがて各国領事館に郵便係が置かれるようになり、最終的に諸外国政府によって各国郵便局が開設された。最初に開設されたのは、イギリス局で、一八六〇（万延元）年夏頃のことであった。次いで、一八六五年九月七日（慶応元年七月一八日）にフランス局が、一八六七年七月二七日（慶応三年六月二六日）にアメリカ局が開設された。

こうして、日本に送られる郵便と外国に送られる郵便は、この三局を通じて送受信されることになった。たとえば、松本純一氏は、明治初年段階での外国郵便の取扱方法を明らかにしたが（『フランス横浜郵便局とその時代』日本郵趣出版、一九八四年）、日本人が外国へ郵便を送る場合、外国へ差し出す封筒を別のやや大きい封筒に収納して、国内料金と外国郵便料金の合計額の日本切手を外側の封筒に貼付し、日本の郵便局（横浜郵便役所）に差し出したという。

また、これを受け取った横浜郵便役所では外側の封筒を破棄し、内側の封筒を横浜の外国郵便局に持ち込み、その国の切手を貼付して外国への輸送を依頼したという。この際、横浜郵便役所では外国語のできない日本人のために代筆までおこなったといわれ、かなりの手間が必要であった。一方、到着便の場合は、横浜以外の日本各地宛てのものは、横浜郵便役所が一括して外国郵便局から受け取り、これに日本の切手を貼付して国内各地に発送したという。

こうした外国郵便局の活動はしばらくの間続いたが、その後、日本政府は外国との手紙の送達を、外国郵便局の手から日本政府の管轄下に置くことを計画することになった。この結果、最初にアメリカ合衆国との協議が始まり、一八七三（明治六）年八月六日に日米郵便交換条約が締結され、翌々年正月にアメリカ局が閉鎖された。さらに、残りの二局についても、イギリス局が一八七九（明治一二）年に、フランス局が一八八〇（明治一三）年に閉鎖が決定した。こうして、外国郵便業務は、すべて日本政府の管轄下に置かれることになった。

六　外国郵便の輸送経路

このように、幕末から明治初年にかけて横浜では外国と郵便物を遣り取りする体制が順次整備されたが、郵便物が外国に至る輸送経路はどのようなものだったのだろうか。この点についても松本純一氏の研究(1)を参考にして紹介しておきたい。松本氏の研究によれば、当時、ヨーロッパやアメリカとの間で遣り取りされる郵便物は、すべて外国の船会社が運航する船によって運ばれた。

また、郵便を運んだ船会社は複数あったが、もっとも早く横浜に進出したのはイギリスのP&O汽船で、開港直後に上海と横浜を結ぶ不定期航路を開設した(2)。また、この船会社は、一八六四(元治元)年中に同航路に月二便の定期船を就航させた。一方、一八六三(文久三)年に初めて横浜に持ち船を寄航させたフランス郵船は、一八六五(慶応元)年から上海・横浜間に月一便の定期船を就航させた。

各国郵便局が扱った郵便物は、こうした船によって輸送された。松本氏によれば、P&Oの場合、上海に運ばれた郵便物は、上海に寄航した同会社のヨーロッパ行の船に積み替えられ、シンガポール・ボンベイ・スエズ運河を経由してヨーロッパに至っている。

また、アメリカ向けの郵便物の場合は、イギリスのリバプールで大西洋航路に就航した船に積み替えられた。一方、フランス郵船の場合も、途中でベトナムのサイゴンなどへ寄航した点などが違っているものの、ほぼP&Oと同様の航路を使っている。

こうした輸送航路が大きく変わったのは、一八六七(慶応三)年に、アメリカ合衆国の太平洋郵船がサンフランシスコ・横浜・香港を結ぶ月一便の定期航路を開設してからのことで、アメリカとの郵便物は、この航路を利用するようになった。また、一八六九(明治二)年にアメリカ大陸横断鉄道が完成すると、ヨーロッパとの郵便物もアメリカを経由するものが増加したといわれている。

ともあれ、諸外国の船会社による定期航路の開設が、日本と海外との情報伝達を潤滑にしていった。また、外国郵便業務が日本政府の管轄下に置かれた後も、日本の船会社には遠くヨーロッパやアメリカまで船を就航させる力がなかったから、外国郵便はその後も諸外国の船によって運ばれ続けた。

第二節　電信を使って

一　情報化社会の進展

次に、電信についても簡単に触れておきたい。電信とは文字や数字を電気信号に変換して遠方に送る装置のことで、電信に関する問題を考えることは、これまで考察した交通や運輸に関する問題とは少々違った研究分野に属している。しかし、電信の実用化も交通・運輸の近代化も、情報化社会の到来によって促進されたことは間違いなく、ここでは交通・運輸の近代化を生み出した情報化社会の到来という現象を、電信の実用化過程を紹介することで考えてみたい。

日本に電信がもたらされたのは、日米和親条約が締結された一八五四（嘉永七）年のことであった。この年の二月に九艘の黒船を率いて横浜に来航したアメリカ合衆国東インド艦隊司令長官のペリーは、幕府に献上するさまざまな品物を持参していた。この中に電信機があり、条約締結交渉の過程で実用的な電信機が日本人に初めて公開された。

電信機が献上されたのは同年三月一三日（二月一五日）であったが、三月二二日には横浜において電信機の公開実験がおこなわれた。この時の様子を記した史料（文部省編『大日本維新史料』二編の四、明治書院、一九四三年）によれば、アメリカ人は約一キロメートルにわたって電線を張り、約五〇メートルごとに電信柱を設置した。また、電線の両端には電信機を接続し、二つの電信機の間で、送信実験がおこなわれた。

送信を目のあたりにした日本人は驚きの声をあげ、上記の史料には、たとえ千・万里離れた場所でも、電線さえ張りめぐらせば通信することができ、この機械が「工夫の極」（きわめて便利な発明品）であると記している。電信機が実用化されるのは、もう少し後のことであったが、ペリー艦隊の来航で、日本の情報化社会が幕を開けたといえるのかもしれない。

二　幕府のもとで

一八五九（安政六）年の横浜開港後、電信架設への動きは急速に高まった。西洋諸国の外交官たちは、電信機を幕府に献上し、電信を開設することを積極的に勧誘した。なかでもフランスは勧誘に熱心であり、一八六六（慶応二）年に来日した同国の経済使節は、電信の敷設に対する技術協力とこれに要する資金の貸与を幕府に申し入れた。

石井孝氏の研究によれば、この時、フランス使節は、電信の敷設が幕府にとって有利であると説明し、軍事的には国の辺境地域で事件が発生した時に瞬時に情報が得られると説いた。また、平時にあっては、貿易などの商業の発展に寄与するとし、幕府がここから無限大の利益が得られるとした(3)。さらに、使節は、電信の敷設とあわせて鉄道の開設を勧め、日本の近代化には情報・交通の近代化が不可欠であると述べている。

また、この頃、アメリカ公使も一通の覚書を幕府に提出し、電信の開設を勧めている(4)。この覚書には、電信機は中国語でも使用されているから日本語でも使用できること、電信機の操作は六カ月以内に習得できること、工事も短期間で終わることなどが示された。こうしてアメリカも幕府に対し、電信の敷設を強く勧誘することになった。

諸外国の勧誘には、電信や鉄道の敷設権や経営権を外国人に持たれてしまう危険性があり、日本の経済的な自立を損なう可能性があった。しかし、こうした外国からの勧誘を通じて、電信敷設への動きはしだいに高まっていった。一方、一八六七(慶応三)年になると、日本人の中にも電信敷設をおこないたいと考える者があらわれた。

この人物は、江戸と横浜に住む二人の民間人で、江戸と横浜を電信で結ぶことを幕府に申請した(外務省蔵「続通信全覧・機関門」)。計画書によれば、電信敷設は、江戸が開市するのにともなっておこなわれ、「商業便利」を目的にした。この計画は、幕府の認可を受け、翌年三月二日(慶応四年二月九日)に関係者に電信敷設工事の開始が公布された。しかし、この計画は、政権交代のために実現せず、電信の敷設は明治政府へと引き継がれることになった。

三　横浜から東京へ

明治政府による電信敷設は、横浜において始まった。神奈川県知事寺島宗則が、京浜間に電信を架設することを建議したのは、一八六八(明治元)年のことで、翌年一月一日(明治元年一一月一九日)に予定されていた東京開市に備え、横浜と東京との連絡を簡便なものにすることを目的にしていた。計画では、神奈川県の直営で電信を架設し、イギリスから電信技師を招聘し、工事監督と日本人への技術伝習を依頼することになった。

イギリスの電信技師が日本に到着したのは、一八六九年九月一四日（明治二年八月九日）で、その直後に横浜の灯明台役所から横浜裁判所（現在の神奈川県庁に相当する役所）まで実験用の電線が張られ、送信試験が実施された。また、一〇月二三日（九月一九日）には、横浜裁判所内に伝信機役所が設置され、日本最初の「電報局」になった。

さらに、伝信機役所の開設と同時に、横浜と東京を結ぶ電信の架設工事が開始された。工事は、横浜の伝信機役所を起点とし、東海道に沿って東に向かい、東京築地の伝信機役所に至るものであった。距離は約三二キロメートル、電柱の数は五九三本、工期は約三カ月、翌年一月上旬には試験通信がおこなわれた。こうして、一月二六日からは公衆電報を受け付けることになり、日本の電信事業が幕を開けた。

物珍しさも手伝ってか電信の評判は上々であり、開業後三カ月で約三〇〇〇通の申し込みがあったといわれている。また、一八七〇年四月一六日（明治三年三月一六日）からは欧文の電信も扱うようになり、外国人の利用もしだいに増加した。

四　電信事業を支えた人々

一九七〇年、横浜電報局から『横浜の電信百年』と題された本が刊行された。この本には電信創業当時に電信事業に携わった人々の苦労話が収録されているので、そのいくつかを紹介してみたい。まず、電信技術を学んだ伝習生については、神奈川県が一〇代の若者を選抜してイギリス人の電信技師から技術を学ばせたことが紹介されている。

彼らは、横浜の伝信機役所で技術を習得したが、機械の取扱いだけでなく、電信の内容を第三者に漏らしてはならないことなどの職務心得も厳しく教えられたようである。また、明治憲法の草案作成にあたった伊東巳代治も伝習生の出身であったと記されている。

次に、この本には電報配達員についても記述があり、彼らが「駆使《くし》」と呼ばれたことが記されている。駆使は県の役人がつとめ、伝信機役所からの電報配達に従事したという。また、彼らは縞の羽織に脚絆を巻き、尻をまくりあげて走ったと記されている。さらに、彼らは、夜間の配達には「工部省御用」と書いた小田原提灯を提げて配達にあたったという。

これに加えて、この本は、一八七六（明治九）年一一月に制定された「駆使勤務仮規則」についても詳しく紹介し、配達の途中、飲食などの私用で時間を取ってはならないこと、受取人などの客に対して傲慢無礼な態度で接しないこと、配達先で賄賂がましいものを受け取らないこと、雨中の配達に傘や下駄などを用いないことなどが定められたという。電信についてもほかの情報・運輸手段と同様に、制度の面で近代的な規則が整備されたようである。

五　大北電信会社と東京・長崎間の電信敷設

京浜間での電信の開設後も政府は電信網の整備に努め、一八七〇年九月一五日（明治三年八月二〇日）には大阪と神戸の間にも電信を開設した。また、同年七月に政府は東京と長崎の間にも電信を敷設すると発表し、その直後から同区間の測量に着手した。

政府が、東京と長崎の間の電信敷設を急いだのは、デンマークに本社のある大北電信会社（The Great Northern Telegraphic Co.）の日本進出に対抗するためであった。当時、同社は、ヨーロッパからシベリア経由でウラジオストックまで開設されていた電信を長崎まで延長させ、さらに、その電線を香港・上海まで延長し、地中海・インド洋経由でヨーロッパから香港まで届いていた電線と接続しようとしていた。

この計画に対し、自力で海底電線を敷設する可能性を持たない日本政府は、一八七〇年九月二〇日（明治三年八月二五日）に同社に対し、長崎・横浜への海底電線陸揚げ権を三〇年間にわたって認めることになった(5)。しかし、国際通信に関しては、外国資本の進出を認めたものの、大北電信会社が長崎と横浜を結ぶ海底電線を敷設することは、日本の主権を守り、経済の自立を促進するためにも、なんとしても阻止したかった。そのため、政府は早い段階で東京・長崎間の電信敷設計画を公表し、工事に着手することになった。

工事が始まったのは一八七一年夏のことで、一部区間が汽船で運ばれたものの、長崎からの情報が電信を利用して運ばれるようになったのは一八七三（明治六）年四月であった。また、大北電信会社が、一八七一年八月四日（明治四年六月一八日）に上海から海底電線を長崎まで敷設していたから、工事の完了によって日本はヨーロッパと電信によって結ばれることになった。

六　海外と横浜を結んで

日本における電信の普及は急激であったが、電信の開設によって情報伝達の速度はどのように変わったのだろうか。この点については、東アジア最大のイギリス系商社であったジャーディン・マセソン商会の横浜支店がどのように情報を収集したのかを分析した石井寛治氏の研究があり、情報伝達速度の変化が具体的に分かっている。(6)

たとえば、石井氏の研究によれば、電信の開設後、ジャーディン・マセソン商会横浜支店は、ロンドンを一八七一年一〇月三日（明治四年八月一九日）に発したニュースを一〇月一四日に横浜で入手している。この時、ウラジオストックからの海底電線は長崎まで到着せず、長崎は上海と電信で結ばれていたにすぎなかった。また、東京と長崎を結ぶ電線もなかったから、このニュースは、上海から長崎に電信で運ばれ、長崎からは蒸気船で横浜まで運ばれたという。

したがって、情報を運ぶのにあたって、すべて電信が利用されたわけではないが、それでもロンドンと横浜がわずか一〇日前後で結ばれたことが分かる。第2章第三節で、一八七〇年夏に勃発した普仏戦争に関する情報がヨーロッパから約一カ月で横浜に到着したことを紹介したが、約一年で情報伝達の速度は三分の一に短縮されたことになる。

また、石井氏は、一八七三（明治六）年三月三一日に記された横浜駐在イギリス領事の報告を引用し、当時、横浜から長崎に向かう電信が実用化されつつあり、当面、横浜と神戸の間で電信が利用できるようになったことを明らかにした。石井氏によれば、情報はロンドンから長崎まで四日、長崎から神戸まで蒸気船で二日、そこから横浜まで電信で直ちに情報が伝えられたというから、この段階で情報伝達の速度は約一週間に短縮されたことになる。

さらに、一八七三年一〇月一日に、東京と長崎の間で電信が全線開通し、これによってロンドンと東京・横浜は電信で完全に結ばれることになった。こうして、ヨーロッパの情報は一層早く横浜に届けられることになった。

七　変わる外国商館の姿

ところで、石井氏は、情報の伝達速度を分析すると同時に、電信の普及によって外国商館のあり方が変わったことを明らかにした。すなわち、石井氏は、世界的な電信網の整備によって巨大な資本力を持つ大きな外国商館だけが活躍する時代から中小の外国商館が貿易に参画できる時代が到来したというのである。

たとえば、電信が開設される以前の時代では、遠隔地との貿易は豊富な資金力と輸送手段を保有していた巨大な商社が、その中心にあったという。彼らは、豊富な資金を投下して大量の物資を購入し、自分の船に積み込んで販売先である土地へ商品を輸送した。また、商品の輸出地の人々と輸入地の人々は、巨大商社を介してのみ関係を持ち、互いにどのような商況のもとで商品が売買されているのかを知ることができなかった。

しかし、電信網の整備によって、こうした状況は一気に変化したというのである。電信を活用することによって、消費地での需要や生産地での価格を人々は直ちに知ることができるようになり、これによって巨大な商社の情報の独占体制が崩壊したという。また、この結果、各商社の経営形態も変化し、自己資本を投下して生産地と消費地との価格差を利用して儲ける方法はおこないにくくなり、消費地の注文を受け商社は手数料を得るという経営形態が一般的になっていったというのである。

こうして巨大な商社だけが活躍できる時代は終わり、小資本の商社でも情報を得れば活動できる時代が到来した。たしかに、横浜においても、電信開設以前はジャーディン・マセソン商会のような巨大な外国商館が貿易の中核にいたが、電信開設後、しだいに中小の外国商館がさまざまな商品を扱うようになっている。であるとするならば、情報伝達の近代化は商人の存在形態にも大きな影響を与えていたことになる。

八　その後の電信

次に、もう一度、国内電信網の整備状況の変遷を見てみよう。一八七〇年一月二六日（明治三年一二月二五日）に産声をあげた日本の電信は、短期間に整備された。たとえば、一八七五（明治八）年三月二〇日に施行された料金表（郵政省編『郵政百年史資料　一九巻』）によれば、この時、東京・横浜・小田原・沼津・静岡・浜松・豊橋・名古屋・岐阜・彦根・大津・京都・大阪・堺・神戸・姫路・岡山・尾道・広島・山口・下関・小倉・福岡・佐賀・久留米・熊本・佐敷・鹿児島・長崎・宇都宮・白川・福島・仙台・一関・盛岡・青森・松前・函館・森・長万部・室蘭・札幌・小樽の四三カ所に電信局が置かれている。

また、その後も地方都市での電信局の開設が進められ、一八八〇年代初頭には主要な地方都市を結ぶ網の目のような電信網が形成された。これにともない電信の利用も急増し、一八七五（明治八）年一月から六月の利用数は二一万通を超えた。さらに、利用数はその後も増加し続け、翌年七月から翌々年六月の一年間の利用数は六三万通を超え、一八七七（明治一〇）年七月から翌年六月の利用数は九七万四〇〇〇通に達した（郵政省編『郵政百年史資料　一九巻』）。

電信の内訳については、前掲の石井氏の研究に記述があり、[7]一八八六（明治一九）年と翌年の和文電報四二八万通の利用目的が分かっている。この記述によれば、内訳は「工商用」が四三パーセント、「相場用」が一〇パーセント、「暗号」が八パーセント、「雑用」が三九パーセントであった。それぞれが具体的に、どのような通信なのかは分からないが、過半が商売上の経済情報を伝えたものと思われる。

たしかに、商売をしていた家の古記録を調査していると、明治時代の電報に出会うことがあり、取引先からの注文や品物の相場報告に電信が利用されることが多かったようである。個々の事例に立ち入る余裕はないが、できるだけ早く情報を得ることが、商人の盛衰を決定する時代が到来したことは間違いない。

九　西南戦争と電信

このように、電信は経済情報の伝達のあり方を大きく変えたが、同時に軍事情報の伝達方法も一変させた。たとえば、一八七七（明治一〇）年に勃発した西南戦争では、政府軍の進軍にともない九州各地に工部省の直轄局とは異なる軍用電信局が設置された。同年に刊行された「日本帝国電信局長第四報告」は、この時の様子を次のように記している。

「官軍、賊を駆逐して、ますます戦線の進むに従い、柱を建て線を架し、線路日に伸張し、既に肥後国八代においては通信をおこない、八代よりは一線となし、同国佐敷に達し、更に大隅国加治木を経て、八月七日、遂に薩摩国鹿児島に至るまで、その工を竣す。佐敷は七月三日、加治木は八月八日、鹿児島は同月一〇日より皆官報の通信を開く。この時にあたりて賊徒連敗して日向地方に逃鼠し、官軍の戦線おおいに進むによって軍団の電信も亦その数を増加す」。

少々むずかしい文章ではあるが、電信が軍事に不可欠なものであったことがよく分かる。また、この「報告」は、この時に設置された電信が「謀攻戦守機宜伝令」に利用されたと記し、電信局員も政府軍と行動を共にしたと述べている。

これに対し、西郷軍は薩摩藩時代の「飛脚」による情報伝達しか利用することができなかったといわれているから、情報伝達の面では政府軍が圧倒的に有利だったことになる。幕末に来日したフランス使節は、幕府に対し電信の軍事利用を勧めたが、日本人は西南戦争時にフランス使節の言っていたことを実現することになった。いずれにしても、情報を誰が握るかによって権力の行く末が決定される時代が到来していた。

第三節　新聞の普及と情報の伝達

一　『横浜毎日新聞』創刊号の発見

一九六四（昭和三九）年、群馬県吾妻郡高山村の旧家から『横浜毎日新聞』の創刊号が発見された。この新聞は、後述するように、一八七〇（明治三）年に横浜で発刊された日本で最初の日刊新聞であったが、永く創刊号が見つかっていなかった。そのため、創刊号発見の知らせは、大きな話題となり全国に報道された。創刊号が見つかった旧家は代々村役人をつとめた家で、この家の明治初年の当主は横浜へ生糸を出荷する仕事に従事していた。おそらく『横浜毎日新聞』は、当主が横浜から求めたものと考えられ、その後、九〇年以上にわたって、この家の蔵の中で保存され続けた。

ところで、横浜で刊行された新聞が、貿易品の生産地などで見つかることは珍しいことではない。たとえば、一九六七（昭和四二）年には、『横浜毎日新聞』と同様に横浜を代表する日刊新聞である『横浜貿易新聞』の創刊号が、岐阜県高山市から発見された。この発見も、当時大きく報道され、人々は、横浜で刊行された新聞が遠方まで運ばれていたことに驚きの声をあげた。

また、創刊号ではないため、ニュースとして報道されたことはなかったが、『横浜毎日新聞』や『横浜貿易新聞』の二号以降の号が、その後、各地の旧家から続々と発見されている。こうした事実は、各地の人々が横浜からの情報を切実に求めていたことを教えてくれる。また、そうした情報化社会の進展が、交通・運輸の近代化を推進させたことは先に述べた通りであり、ここでは新聞の刊行と交通・運輸の近代化の関係について考えてみたい。

二　邦字新聞の歴史

最初に、新聞刊行の歴史について概観したい。日本最初の邦字新聞である『海外新聞』が横浜で刊行されたのは一八六四（元治元）年のことであった。刊行したのはアメリカ国籍を持つジョセフ彦と呼ばれる日本人で、彼は一三歳の時に太平洋を漂流し、アメリカ合衆国の商船に救助されるという奇異な経験をした人物であった。彦が再び日本の地を踏んだのは、開港直後のことで、横浜にやって来た彼は、アメリカ領事館の通訳として働いた後、日本最初の邦字新聞である『海外新聞』を発刊した。

この新聞は外国の新聞を翻訳したもので、海外の情報を日本人に知らせることを目的に刊行され、一八六六（慶応二）年秋までに、二六号が刊行された。もっとも読者の数は少なく、毎号一〇〇部が無料で配布されたにすぎなかった。その後、一八六七（慶応三）年には、イギリスの聖公会牧師ベイリーによって『万国新聞紙』が横浜で刊行されたが、この新聞も発行部数は多いものではなかった。こうした状況を変えたのが、先に紹介した『横浜毎日新聞』の発刊であり、この頃から人々は新聞をこぞって購入するようになった。

また、政府も一八六九（明治二）年に新聞紙印行条例を公布し、政府の認可があれば新聞紙の発行を許可することを発表し、これ以後、各地で新聞紙の発刊が相次いだ。一八七二（明治五）年には東京で『日新真事誌』・『東京日日新聞』（現在の毎日新聞の前身）・『郵便報知新聞』などが創刊され、同時期に地方都市でも数種の新聞が刊行された。

さらに、一八七四（明治七）年頃から国会開設をめぐって民権運動が活発化するのにともない、いくつかの政論新聞が生まれるのと同時に、旧来から刊行されていた新聞も政治色を強めていった。一方、この時期に政治問題を扱わず、市井のニュースを中心に報道する「小新聞」と呼ばれる新聞も登場した。「小新聞」には一八七四（明治七）年に東京で発刊された『読売新聞』や一八七九（明治一二）年に大阪で発刊された『朝日新聞』などがあったが、いずれにしても、この時期以降、多種多様な新聞がさまざまなニュースを報道するようになった。

三　新聞を運んで

では、日刊新聞が発刊され始めた頃、新聞はどのようにして各地に運ばれたのだろうか。たとえば、『横浜毎日新聞』の場合は、発刊当初、横浜以外に東京・大阪・神戸・長崎に「売弘所」（販売店）が置かれていた。横浜の本社から各地へどのような輸送手段ではこばれたのかについては分からないが、これらの「売弘所」へは纏めて新聞が送られたと考えられる。

この内、大阪で販売された新聞については、同紙の五八四号（明治五年一〇月一九日号）に記述があり、毎日数百部が販売されたと記されている。おそらく、この程度の新聞が毎日各地に発送されたと推測される。一方、神奈川県下への配達については同紙四七七号（明治五年六月一六日号）に記述があり、「仕立飛脚」を利用して各村に送ったことが分かっている。

また、この記事には横浜近辺には当日中に、少し遠い地域でも翌朝までに配達すると記されているから、輸送は夜を徹しておこなわれたことになる。さらに、この号の別の記事に、同紙の印刷部数が約二〇〇〇部であり、この半分が神奈川県下で購読されたと記されている。この内、横浜市街地で購読された部数がどの程度であったのかは不明であるが、かなりの部数が民間の飛脚などを利用して各地に運ばれたと考えられる。

ところで、新聞が郵便を利用して発送されるようになったのは一八七二（明治五）年のことで、政府は新聞を広く普及するために低額で新聞を輸送することを決定した。この結果、『横浜毎日新聞』・『郵便報知新聞』・『東京日日新聞』・『日新真事誌』・『大坂新聞』・『愛知新聞』・『京都新聞』・『神戸港新聞』・『鳥取県新報』などが低額で郵便を利用することを許可された（郵政省編『郵政百年史資料　一二巻』「駅逓明鑑」）。もっとも、これ以降も地域によっては、郵便以外の方法で取次所へ新聞がまとめて送られることもあったが、人々は、近代的な情報伝達手段である郵便を利用して新聞を手にすることができる道が開かれることになった。

四　新聞と経済情報

それぞれの新聞に掲載された記事の内容は多種多様である。しかし、新聞が発刊された当初、人々が新聞に求めた情報の中心が経済情報であったことは間違いない。たとえば、『横浜毎日新聞』創刊号は二面から成っていたが、その記事の大部分は経済に関するものであった。一面には金・銀・銭の両替相場や横浜へ入港する外国船に関する情報が掲載され、二面には外国商館が輸出入した品物の種類と個数などが掲載された。

こうした経済情報は、その後、より詳しく報道されるようになり、紙面の充実が図られていった。たとえば、『横浜毎日新聞』七三九号（明治六年五月二二日号）では、一面にアメリカ合衆国の船会社太平洋郵船や日本の船会社である郵便蒸気船会社が保有する船の横浜出航予定が、三面には国際通貨である洋銀と日本の貨幣との両替相場が掲載された。また、四面には横浜で取引された貿易品の種類と数量が掲載されたほか、ラムネ作りの機械や羊毛の売買に関する広告が掲載された。

二面には現在の社会面に掲載されるような記事も収録されたが、相変わらず経済情報が新聞記事の中心であった。第2章第三節で、横浜の貿易商が手紙を利用して横浜の経済状況を克明に郷里の人々に書き送ったことを紹介したが、こうした手紙の役割は、しだいに新聞に替わられていったことになる。貿易商の中には、一八八〇年代後半以降、自分で横浜の商況を報告する新聞を発刊する者も現れたから、情報伝達の手段も、交通手段の近代化と同様に、急激に変化していったようである。

【参考文献】

（1）松本純一『フランス横浜郵便局とその時代』（日本郵趣出版、一九八四年）。

（2）小風秀雅『帝国主義下の日本海運』（山川出版社、一九九五年）第一章。

（3）石井孝『明治維新の国際的環境』（吉川弘文館、一九五七年）第五章。

（4）『横浜市史　三巻上』（横浜市、一九六一年）第一編第四章。

（5）石井寛治『情報・通信の社会史』（有斐閣、一九九四年）第二章。

（6）同前。

（7）同前。

第7章　資料が語る交通史

第一節　「横浜道」をめぐって

一　さまざまな資料を活用して

六章にわたって、近代的な交通手段が整備された過程を考察した。考察にあたっては、さまざまな資料を題材に分析を加えたが、最後に、ここまでの考察では活用することができなかった資料を紹介しながら幕末から明治初年の交通・運輸の様相を眺めてみたい。特に、従来あまり利用されることがなかった地図・絵画・写真・引き札・旧家に所蔵された古記録を中心に考察を深めたい。

近来、交通史の分野だけでなく、歴史の叙述に文字で記された資料以外の資料を活用することが多くなってきた。確かに、ビジュアルな資料を活用することによってわれわれは、過ぎ去った時代をより鮮明にイメージできるようになったが、交通史に関してもビジュアルな資料が多数残されている。そこで、ここでは、こうした資料を中心に紹介しながら、近代の交通・運輸のあり方を目に見える形で再現するためには、どのような資料が活用できるのかを考えてみたい。なお、本章で紹介する資料は、すべて横浜開港資料館が所蔵している。

最初に紹介するのは、第2章第一節で取り上げた「横浜道」に関する資料である。「横浜道」とは、幕府が開港直前に東海道と横浜（開港場）を結ぶ道として造成した道路のことで、残された「横浜道」を描いた絵図と絵画は、この道の様子を具体的に教えてくれる。そもそも、道路は、近代的な交通手段が整備される以前の段階にあって、もっとも重要な交通手段であり、「横浜道」を描いた絵図や絵画を眺めていると、当時の「一級国道」であった東海道と横浜を結ぶ道路の造成が国家の一大事業であったことがよく分かる。

横浜を起点とする道路網の形成は、幕府にとって大きな課題であり、こうした事業は、交通手段の近代化によって、「馬車道」や鉄道の敷設へと形を変えて引き継がれていった。そのように考えてみると、「横浜道」の造成は、交通手段の近代化の出発点であり、本章では「横浜道」の造成から話を始めたいと思う。

図７－１　横浜市街地と「横浜道」

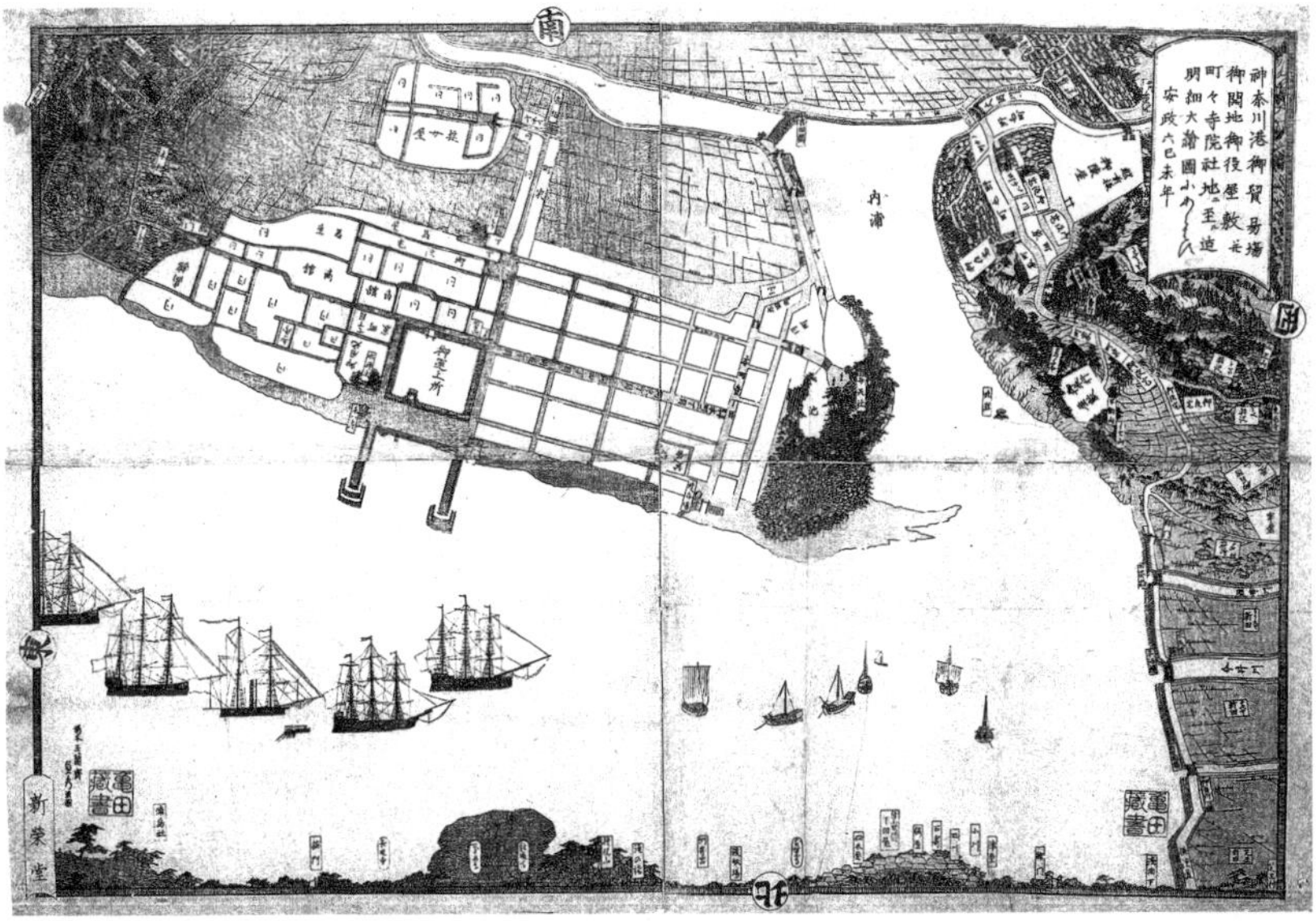

出所：横浜開港資料館蔵。

二　浮世絵師の描いた「横浜道」

図７‐１は、浮世絵師五雲亭貞秀が描いた横浜の絵図である。貞秀は、横浜の情景を描いたもっとも有名な浮世絵師であり、現在でも多くの作品が残されている。また、彼は、浮世絵だけでなく幕末の横浜を紹介した絵図や案内記を多数出版し、彼の作品は、幕末の横浜の様子を知るための資料として活用されることが多い。

図７‐１はそうした作品の中でも比較的早い時期に刊行されたもので、一八五九（安政六）年の横浜開港直前に描かれたものである。絵の下の部分に東海道の家並が、右手の部分に、海岸線に沿って新たに造成された「横浜道」が描かれている。また、中央には外国人居住区を含む開港場の市街地がみえる。

次に、図７‐２と７‐３は、同じく貞秀が描いた「横浜道」の情景である。図７‐２は東海道からの分岐点付近、図７‐３は開港場へ向かう途中の川に架けられた橋を描いている。どちらの絵も、一八六〇（万延元）年のもので、開港後数カ月で「横浜道」の整備が急激に進ん

図7－2　「横浜道」の情景

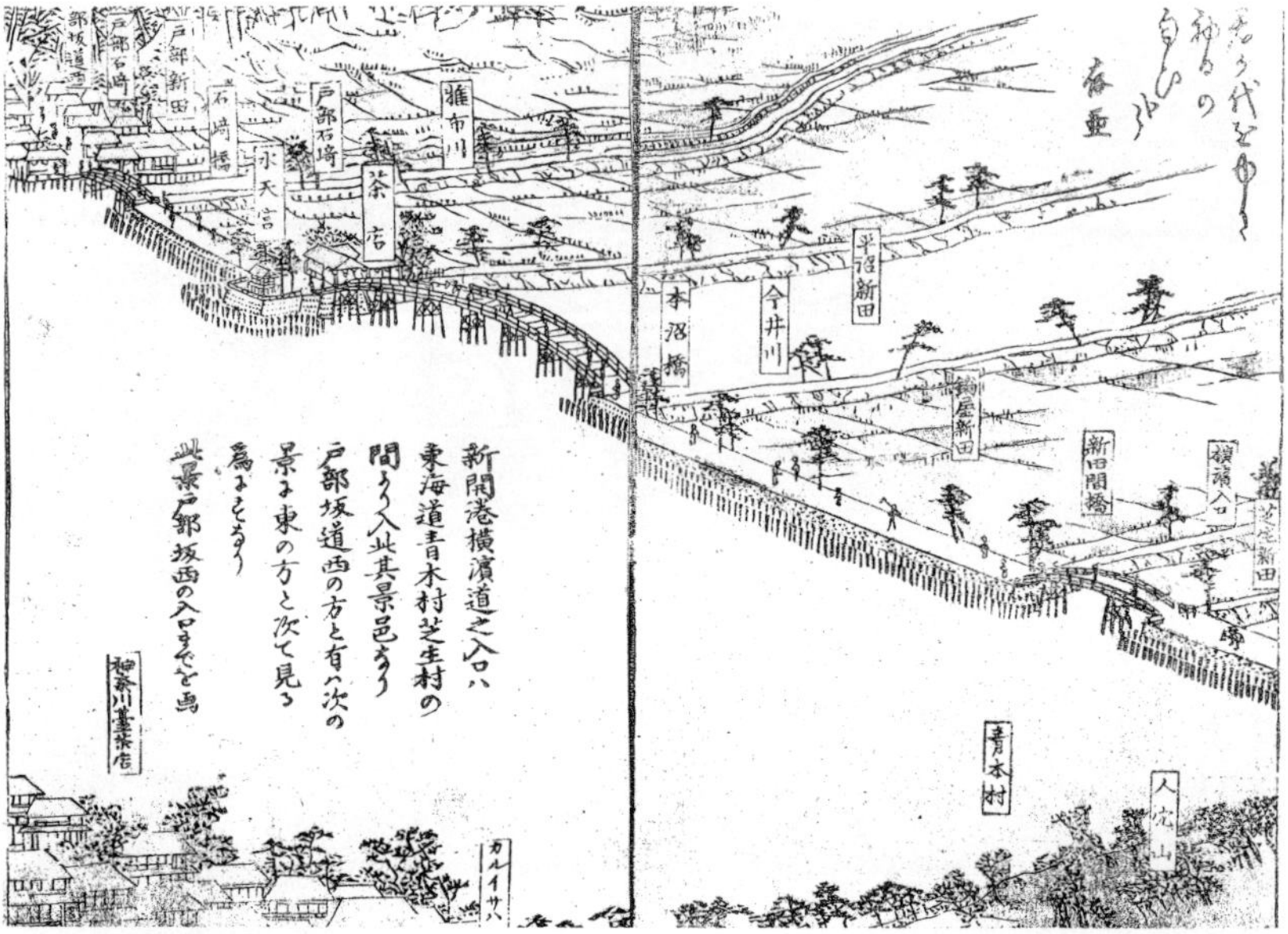

出所：横浜開港資料館蔵。

だ様子をうかがうことができる。

横浜で移出入する物資の輸送は、第4章・第5章で明らかにしたように船が利用されたが、諸外国の外交官にせよ幕府の役人にせよ、歩いて横浜へ出向く時には、この道を利用することが多かった。また、横浜に居住する外国人たちが、遊歩区域に出向くために主に利用したのも「横浜道」であった。さらに、横浜を訪れる日本人商人や観光客たちも盛んに「横浜道」を行き交うことになった。ここに掲げた絵は、そのような当時の横浜と各地を結ぶメインストリートの姿を伝えている。

三　ある武士の日記から

東海道と「横浜道」を通って開港場を訪れた観光客が記した「横浜日記」と題された一冊の旅日記がある（横浜開港資料館蔵）。この日記は、一八六一（文久元）年に江戸に住む武士が記したもので、江戸から横浜へ至る道中の様子が克明に記されている。こうした日記も、絵図や絵画とあわせて利用することによって、当時の旅の様子を具体的に知ることができる一級の歴史資料になる。

たとえば、「横浜日記」の筆者は、東海道神奈川宿の様子を次のように記している。「神奈川本宿入口の所を青木町、その先を新宿という。その入口に松平隠岐守殿の御警衛の場所あり。また、町中に異人の旅館あり」。

ここに記された「松平隠岐守殿の御警衛の場所」というのは、愛媛県松山市に城を持つ松山藩が警備を担当していた神奈川台場（砲台）のことで、開港場周辺にはさまざまな軍事拠点が置かれたことを知ることができる。また、「異人の旅館」というのは、神奈川宿にあった諸外国の領事館のことと思われる。

図7－3　「横浜道」に架けられた橋

出所：横浜開港資料館蔵。

筆者は、こうした珍しいものを見物しながら横浜へ向かうことになるが、宿外れの台町の茶店で休憩を取っている。この地点の記述には、茶店の主人が刀を持った武士は開港場に入れないと教えてくれたことが記されている。当時、横浜では攘夷事件が続発したため、幕府が開港場の入口に関門を設け、刀を差した武士の立ち入りを禁止していた。おそらく、茶店の主人は、こうした規制について伝えたと思われ、この武士は茶店に刀を預けている。

さらに、この日記は、旅人の便宜を

図る施設や交通手段、「横浜道」の造成の様子についても記している。たとえば、神奈川宿から開港場に至る渡船については、「町中に洲崎明神の社あり。その所より横浜往来の船場なり。これより乗船すれば海路直ちに横浜へ労せず至る」と記している。この記述から「横浜道」を行くよりも船を利用する方が楽であったことが判明する。

一方、「横浜道」への分岐点には「横浜へ」と記した道標があったこと、海岸に沿って造成された「横浜道」には海水によって道が崩壊しないように波除として石垣が組まれていたことなどが記されている。日記のすべてを紹介するわけにはいかないが、こうした道中日記を読むことによって、われわれは当時の旅の実態を目の当たりにすることができそうである。

第二節　写された幕末・明治の宿場と街道

一　外交官たちが撮った写真

絵図や絵画に加えて当時の街道などの様子を現在に伝える資料のひとつに写真がある。写真が日本に伝えられたのは幕末のことで、これ以後、各地の風景や人々の姿が写真に撮られるようになった。横浜や長崎では幕末から日本人の写真家が活動したが、写真の多くは外国人によって撮影された。

現存するもっとも古い日本人を写した写真も外国人が撮影したもので、ペリー艦隊に従軍したアメリカ人写真家E・ブラウン・ジュニアが一八五四（嘉永七）年に横浜で撮ったものであった。また、近年、イギリスで一八五八（安政五）年に日本と通商条約を締結するために江戸を訪れたイギリス使節が撮影した幕府役人の肖像写真が発見され、大きな話題になった。

これらの写真は、西洋諸国の外交団に写真撮影の技術を持った人々が随行することが多かったことを教えてくれる。残念ながら、条約締結の過程で撮影された写真で現存するものは大変少ないが、諸外国の外交官による写真撮影はその後も続けられた。

たとえば、一八五九（安政六）年に日本に赴任した駐日総領事オールコック（のちに公使に昇格）は、一八六一（文久元）年に長崎から江戸に旅行したが、この時、彼に随行した公使館員ガワーが各地の写真を撮影した。オールコックの日記（山口光朔訳『大君の都』岩波書店、一九六二年）によれば、この公使館員は、佐賀県の嬉野温泉や武雄温泉、奈良県などで風景写真を撮っている。

温泉地の撮影では、多くの湯治客が温泉に入っているところを撮影し、日記には「真昼の太陽のために、写真をとるのはたいへんつらい仕事ではあった」と記されている。この頃から、外交官以外の外国人写真家も来日するようになり、多くの写真が撮られるようになったが、外交官たちは、そうした人々の先駆けとなったといえそうである。

二　横浜開港と外国人の遊歩

横浜が開港したのは、一八五九（安政六）年のことであった。これ以後、横浜は国際都市として発展し、この町には多くの外国人が居住した。また、横浜開港を定めた通商条約では、横浜を中心に約四〇キロメートルの範囲が「遊歩区域」に定められ、「遊歩区域」では外国人が自由に旅行することが認められた。そのため、外国人たちは、乗馬や名所巡りを目的に「遊歩区域」に出向き、東海道をはじめとする街道は各地に至る道として盛んに利用された。

外国人に人気のあった場所は、江ノ島・鎌倉・金沢八景・川崎大師などで、これらの名所には多くの外国人が訪れた。また、東海道などを馬で散策する外国人も多かった。さらに、八王子周辺の村々など、かなり横浜から離れた地域にも外国人が旅行したと伝えられる。

また、「遊歩区域」を旅行した外国人の中にはカメラを持っていった人もあり、彼らによって各地の情景が撮影された。たとえば、一八六三（文久三）年頃に来日したイギリス人写真家フェリックス・ベアトも「遊歩区

図7-4　金沢八景の渡し船

出所：横浜開港資料館蔵。

域」の風景を盛んに撮影した人物の一人であった[1]。彼は、生麦事件の現場や下関戦争の様子を撮影した報道写真家であったが、こうした写真を撮影する合間に幕末の日本の姿を撮影した。

また、彼の写真の中には交通・運輸の様子を写したものが多数含まれ、これらの写真は貴重な歴史資料になっている。たとえば、図7-4は、金沢八景（現在、横浜市金沢区）の渡し船を撮影したものである。また、図7-5、7-6は、駕籠と荷物を運ぶ馬である。いずれの写真も、当時の様子をよく伝えている。

三　宿場や街道の写真

こうした写真に加えて、外国人が撮影した写真には宿場や街道を写したものが多いが、彼らの撮影した写真からさまざまな宿場や街道についての歴史事実が判明することもある。図7-7は、ベアトが撮影した東海道小田原宿であるが、この写真には一台の荷車が写されてい

図7－5　ベアトが撮影した駕籠

出所：横浜開港資料館蔵。

る。一般的に江戸時代には荷車の使用があまり見られなかったといわれているが、東海道の宿場では荷車の使用が、かなり普及していたようである。

また、図7－8は、同じくベアトの撮影した箱根の山中を通る東海道である。この写真から石畳や荷物を運搬する様子を具体的に知ることができる。さらに、図7－9は幕末の東海道箱根宿の写真で、こうした写真は宿場の再現に活用できる。これに加えて、写真には幕末という激動の時代の中での宿場の様子を具体的に伝えるものもある。

たとえば、図7－10は、ベアトが撮影した神奈川宿であるが、この写真には東海道沿いに設置された「関門」が撮影されている。この「関門」は横浜開港後に設置され、攘夷事件の続発に備えるためのものであった。開港後、横浜を中心とする地域では外国人襲撃事件が相次ぎ、諸外国は幕府に警備の強化を要求した。この結果、設置されたのが「関門」であり、こうした場所には神奈川奉行所の下級役人が詰めていた。

図7-6　荷物を運ぶ馬

出所：横浜開港資料館蔵。

写真は、「関門」で警備にあたる下級役人を写したものであるが、こうした写真を眺めていると攘夷事件の現場になりかねない宿場の緊張が伝わってくる。また、開港後、こうした施設が街道沿いに新設され、街道の情景が変わったことを知ることができる。外国人が撮影した写真は大変多く、すべてを紹介できないが、それぞれの写真からさまざまな歴史事実が読み取れることは間違いない。

四　幕末から明治時代へ

このように、横浜開港後、外国人によって交通史の資料として活用できる多くの写真が撮影されたが、こうした状況は明治時代になっても変わらなかった。この頃になると日本人の中にも写真家を職業にする者も現れたが、人数は少なかった。そのため、写された写真には圧倒的に外国人の手になるものが多かった。

たとえば、二〇〇〇（平成一二）年、横浜開港資料館で「フランス士官が見た明治のニッポン」と題

図７－７　幕末の小田原宿

出所：横浜開港資料館蔵。

した企画展示が開催されたが、この展示では一八七六（明治九）年に来日したルイ・クレットマンというフランス陸軍士官が本国に持ち帰った写真が紹介された(2)。

クレットマンは日本政府に招かれ、陸軍士官学校で日本人に築城学や地形学を教えた人物であるが、本務のかたわら日本各地を旅行した。写真はクレットマンか、その知人が旅行に際して撮影したと推測され、現在、フランスに在住するクレットマンの子孫の家に残されている。また、写真の中には明治初年の新橋駅構内や京都の四条大橋付近を撮影したものなど、珍しいものを多く含んでいる。

こうした写真が、今後も諸外国から発見されることがあると思われ、現在では失われてしまった幕末・明治の宿場や街道、さまざまな交通手段が、写真によって再現されることが期待されている。

また、幕末から明治時代というは、西洋諸国で世界旅行がブームとなった時代であり、多くの観光

図7－8　箱根の山中を通る東海道

出所：横浜開港資料館蔵。

を持参するようになり、日本各地を撮影するようになった。おそらく、今後は、こうした写真が続々と発見され、交通史の資料として活用されるようになると考えている。

第三節　残された引き札と広告

一　蒸気船の引き札から

次に、引き札や広告について検討したい。こうした資料も近年歴史資料として活用されることが多くなっている。たとえば、第3章第一節で京浜間航路に就航した稲川丸や弘明丸の引き札を紹介したが、これらの引き札は当時の蒸気船の様子や就航の実態を具体的に教えてくれる。中には絵入りで蒸気船を紹介した引き札もあり、こうした絵を眺めていると東京湾を航行する蒸気船の姿を具体的にイメージすることができる。

図7－11は、一八七〇（明治三）年に同航路に就航し

客が日本を訪れた。彼らはカメラで日本の風景を撮影し、こうした写真が、帰国後に出版された旅行記の挿絵に利用されることもあった。

特に、一八八〇年代後半には、素人でも使いやすいカメラが開発されたことによって、多くの外国人がカメラ

図７－９　幕末の箱根宿

出所：横浜開港資料館蔵。

図７－10　神奈川宿の「関門」

出所：横浜開港資料館蔵。

図7-11　弘明丸の引き札

出所：横浜開港資料館蔵。

た弘明丸の引き札であるが、この引き札にも弘明丸の絵が付されている。また、本文には船の出航時間、運賃などが具体的に記されている。さらに、船室を貸し切る方法や荷物運送を依頼する方法についても記述がある。船首の上の部分には、旅客や貨物の運送を差配する「手配所」（待合所）に掲げられていた旗の絵も描かれ、東京と横浜に待合所が置かれたことが分かる。

ここに記された事柄のいくつかは、東京府などが作成した記録でも確認することができるが、引き札からは蒸気船という新しい交通手段が出現した際の世の中の雰囲気を感じることができる。彩色の美しい引き札を手にした人々は、憧れをもって蒸気船の就航を迎えたに相違なく、引き札は交通手段の近代化を強烈に印象づけたに違いない。

一方、引き札の中には、船会社の旅客獲得競争の様子を現在に伝えるものもある。第3章第一節で紹介したように、一八七二（明治五）年に、日本国郵便蒸気船会社が東京と大阪を結ぶ航路を開設した頃から、この航路と競合する航路を持っていたアメリカ合衆国の

図7-12　郵便蒸気船会社引き札

各港往復

郵便蒸氣乗船案内證

大坂出張
日本國郵便蒸氣船會社

明治七年八月

定

御乗船ノ節此證書ヲ以會社江御出被成候得ハ並等ニテ御乗船賃御一人金三圓五十錢ニ可仕候勿論上中等御望ニ候得ハ別段部家料相働可申受事

但シ御乗船之節乗船切手ハ會社ニテ代金引換御渡可申上候事

出所：横浜開港資料館蔵。

船会社太平洋郵船と郵便蒸気船会社は激しい旅客獲得競争を繰り広げることになった。

図7-12は、この時、郵便蒸気船会社が顧客に配った引き札である。発行所は同社の大坂出張所で、この引き札を持参した乗客には運賃を割り引くと記されている。運賃割引は「並」だけであったが、「上等・中等」についても相談に応じると記され、運賃引下げによって旅客を獲得しようとしていたことが分かる。

二　馬車の広告から

次に、陸路を走った馬車の引き札に目を転じてみよう。図7-13は、横浜と小田原を結んだ乗合馬車の引き札である。引き札の刊行年代は記されていないが、馬車を運行させた業者については「横浜居留地一二三番、シールス仲間」と左下の部分に記されている。また、料金については、戸塚までが一両二分、藤沢までが三両、小田原までが六両と記載されている。(3)

図7-13　馬車の引き札

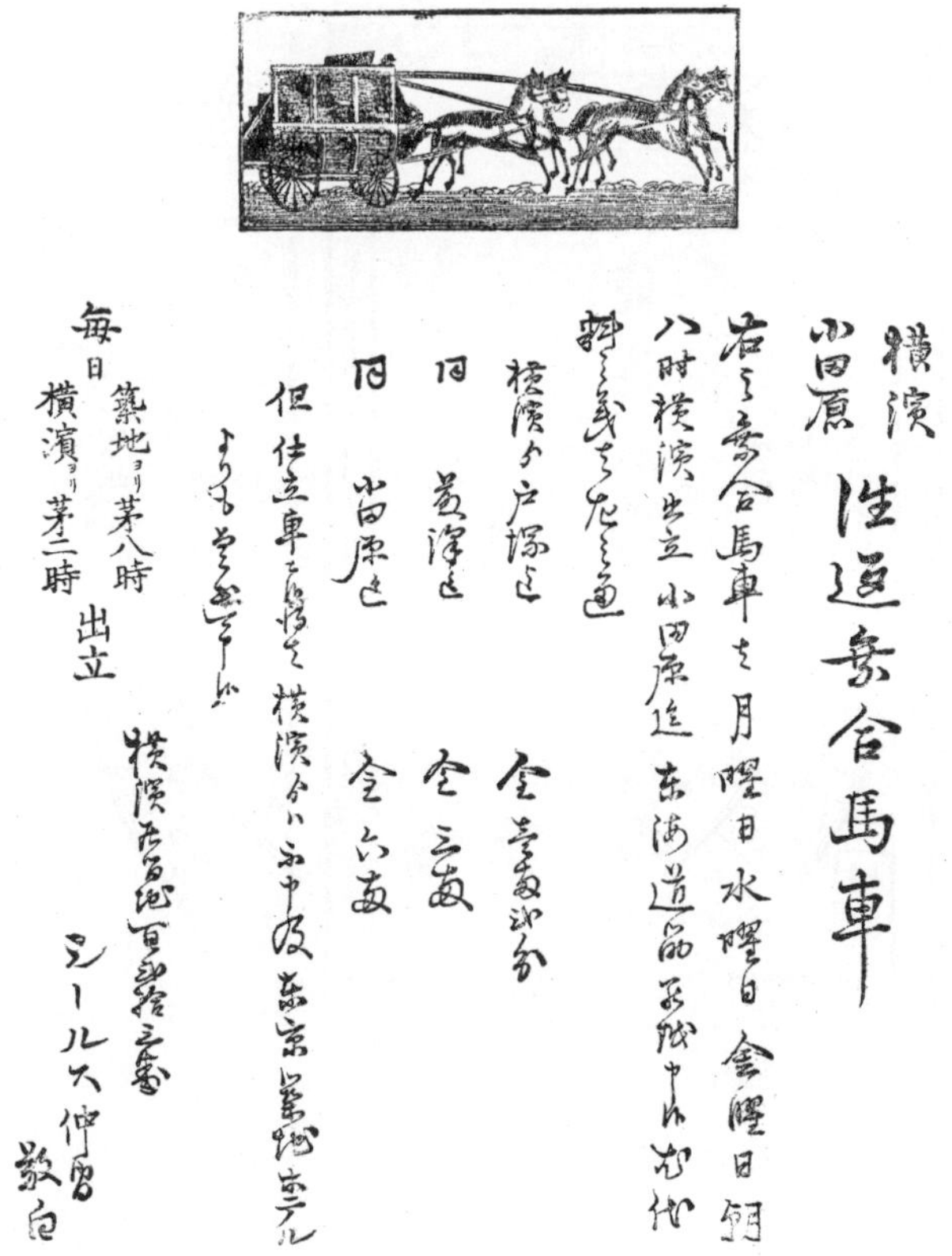

出所：横浜開港資料館蔵。

運行日については週三回、月曜・水曜・金曜に横浜を出発するとあるから、小田原からは火曜・木曜・土曜に横浜行きの馬車が出発したと考えられる。また、場合によっては東京築地からも馬車を仕立てることができると記されている。

第3章第二節で紹介したように、横浜から神奈川県西部への乗合馬車は一八七二年六月六日（明治五年五月一日）に横浜のカブ商会がはじめて路線を開設したが、この引き札は横浜と神奈川県西部を結ぶ路線が、カブ商会の路線開設以降も続々と増えていったことを教えてくれる。

また、この引き札を刊行した「シールス」については、一八七五年に発行された「Japan Directory」（居留地名簿）に横浜居留地一二三番地にG・シーラスという人物が住んでいたとの記述があるから、本名はG・シーラスであったと考えられる。さらに、この地番には第3章第二節で紹介したように、一八七三年に横浜・小田原間に乗合馬車路線を開設したA・ジャフレーが住んでいたか

図7-14　宿屋が発行した名所案内

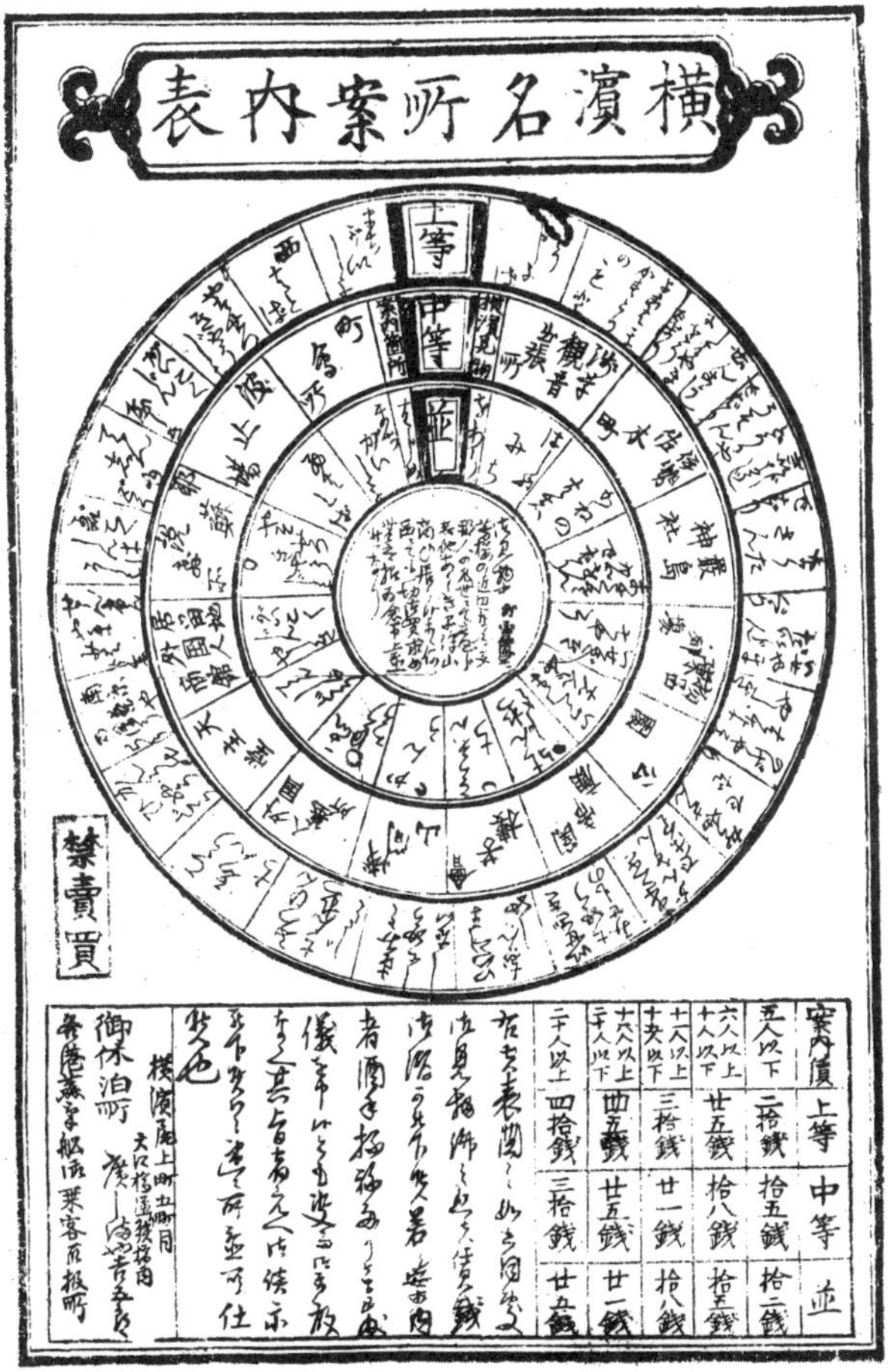

出所：横浜開港資料館蔵。

ら、G・シーラスはA・ジャフレーとなんらかの関係がある人物と推測される。

　いずれにしても、こうした引き札が刊行されることによって、人々は乗合馬車の存在を知ることになり、馬車の利用が普及したと思われる。また、われわれは、引き札に掲載された絵を眺めることによって、東海道を走る馬車の姿を容易にイメージすることができるようになった。

図7-15　津久井屋の引き札

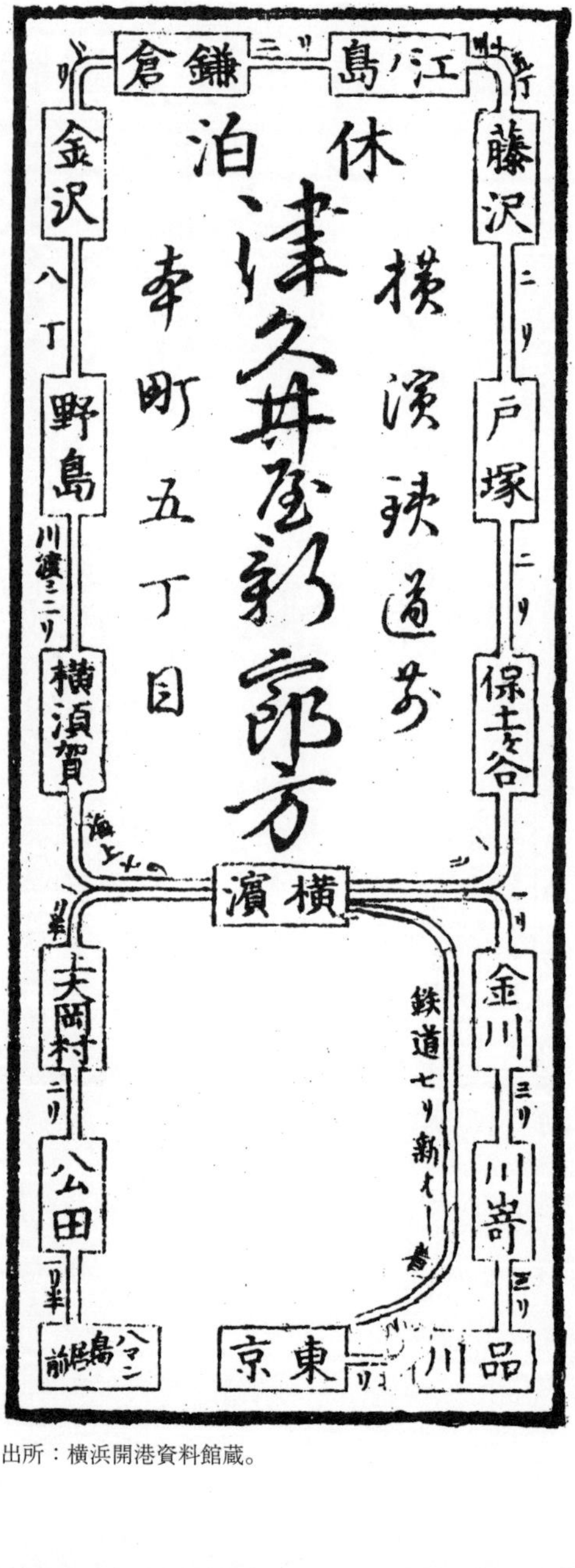

出所：横浜開港資料館蔵。

三　観光地横浜を紹介して

横浜を起点や終点とする交通手段の近代化を促進した要因のひとつに、横浜が日本を代表する観光地であったことをあげることができる。横浜は外国人が住む珍しい都市であり、横浜には全国から観光客が訪れた。また、そうした様子を現在に伝える引き札や広告が多数残されている。

図7-14は、そうした引き札のひとつであり、明治時代に横浜尾上町にあった広島屋という宿屋が刊行したものである。この宿屋では宿泊業務以外に観光客の案内をおこなっていたようで、引き札には横浜の名所と案内賃が具体的に記されている。

名所は上等・中等・並の三つに区分され、それぞれの料金が記載された。また、料金は人数によっても区分され、上等の名所を二〇人以上で観光した時は四〇銭であった。ちなみに、中等の名所には、町会所・波止場・外国人商館・天主堂・外国人墓・関帝廟・物品陳列場などがあげられ、観光客が異国情緒あふれる町並みを巡った様子をうかがうことができる。

　一方、横浜を起点にした交通手段を紹介した引き札もある。図7-15は、そうした引き札で、明治初年に横浜駅前にあった津久井屋という宿屋が刊行したものである。中央の部分に「横浜」と記し、「横浜」を起点に各地への交通路が記されている。

　右下の部分では、鉄道を利用した品川から東京への路線が記され、左下の部分には陸路で歩いて周辺の村へ行く行程が記述された。また、左上の部分では、横浜から渡し船を利用して横須賀へ向かい、そこから金沢八景・鎌倉・江ノ島などの観光地へと向かう行程が紹介された。さらに、右上の部分では旧東海道の宿場であった保土ケ谷・戸塚・藤沢への行程が記されている。

　こうした引き札を眺めていると、横浜という都市が急速に観光地化したことがよく分かる。また、横浜開港後、旧来の観光地であった鎌倉や江ノ島と横浜や横須賀などの近代的な都市とを結ぶ観光ルートが作られたことが分かる。さらに、そうした観光地へ向かう手段として鉄道などの近代的な交通手段が利用されるようになったことがうかがえる。

【参考文献】

(1) 横浜開港資料館『F・ベアト幕末日本写真集』(財団法人横浜開港資料普及協会、一九八七年)。

(2)『開港のひろば　六七号』(横浜開港資料館、二〇〇〇年)。

(3)『横浜もののはじめ考』(横浜開港資料館、一九八八年)。

第8章　古文書・古記録を読む

第一節　旧家の蔵の中から

一　地域に残された古記録

交通・運輸の近代化が一般の人々の暮らしにどのような影響を与えたのかという問題は、多くの人の関心を引く研究テーマである。しかし、こうした問題を考えるために必要な歴史資料に出会うことは大変少ない。なぜなら、こうした資料は地域の旧家の蔵に残されることが多く、こうした資料を丹念に整理するしか必要な資料に出会う方法がないからである。

確かに高度成長期以降、各地で自治体史の編纂が進められ、その過程で旧家が保存してきた大量の古記録の所在が確認されるようになった。また、そうした古記録の中には少なからず地域の交通や運輸に関する資料が含まれている。とはいっても、そうした古記録の中から関係資料を見つけ出すためには膨大な目録を詳細に見ていくしかない。

しかし、旧家の土蔵や天井裏、あるいは長屋門の中に残されてきた資料にかかったチリやホコリを払い、一枚一枚の資料のしわを伸ばしていくと思いもよらないような良質な資料に出会うことがある。そこで、ここでは、そうした資料のいくつかを紹介し、交通手段の近代化が地域の人々に与えた影響を考えてみたい。

もちろん旧家には多種多様な資料が残されているため、そのすべてを紹介できるわけではないが、ここでは筆者が調査をおこなった二軒の旧家（横浜市鶴見区佐久間亮一家・同磯子区堤真和家）が所蔵する資料を中心に考察を進めたいと思う。なお、これらの資料は、現在、横浜開港資料館が所蔵・保管しており、目録などで検索し閲覧することができる。

二　土地の買収をめぐって

最初に、鉄道開通が地域住民に与えた影響を、佐久間亮一家が所蔵する資料を題材に考察してみよう。現在の横浜市鶴見区一帯で鉄道工事の準備が始まったのは一八七〇年三月（明治三年二月）のことで、この時、政府は鉄道線路の測量に着手し、これ以後、測量結果に基づき用地の買収が進められた。

佐久間家の資料によれば、用地買収に先立ち買収価格の調査が実施された。買収にあたっては当時の土地質入値段が参考にされ、各村から「質入値段書上帳」が「鉄道掛り役人」に提出された。佐久間家が住んでいたのは鶴見村であったが、同村で線路予定地になったのは約二・四ヘクタールで、その大部分は耕地であった。

佐久間家の資料には土地買収に関する古記録が多く含まれているが、鶴見村に支払われた土地買収金は一三五五両で、鉄道予定地上に土地を所持する地主二九名が買収金を受け取っている。一軒当たりにすれば約四七両になるが、比較的高額で土地の買収がおこなわれたようである。

また、鉄道予定地から収納される農作物に対しても補償金が支払われ、一八七〇年と翌年の二カ年に収納されるはずであった農産物補償金として約一八〇両が支払われた。品川周辺では魚屋・水茶屋などが用地を買収されるにあたって、生業をうしなうことを恐れ、高額の補償願を政府に提出したが、農業を生業とする鶴見村の場合は二カ年の農産物程度の補償で決着したと考えられる。

三　鉄道計画図面と関係書類

佐久間家の資料の中には鉄道工事に関する多くの図面が残されている。これらの図面も鉄道工事の様子を現在に伝える貴重な資料である。図面の多くは、「鉄道掛り役人」の求めに応じて鶴見村が作成したもので、鉄道敷設予定線を書き込んだものである。こうした絵図は、踏切や橋脚を設置するための準備のために作成され、絵図には鉄道が道路や水路と交わる地点が詳細に記されることになった。

図8-1は、そうした絵図の一枚で、鶴見村を南北に貫く鉄道線路を描いたものである。絵図の右手が北、左手が南になっている。また、右端の蛇行した太い線は鶴見川、中央を左右に走る太い線が旧東海道になっている。さらに、鉄道線路は、東海道の上の部分に左から右に向かって細い線で描かれている。

絵図は彩色であり、水路を青、道を赤、鉄道線路を黒

図８－１　鉄道工事に関する絵図

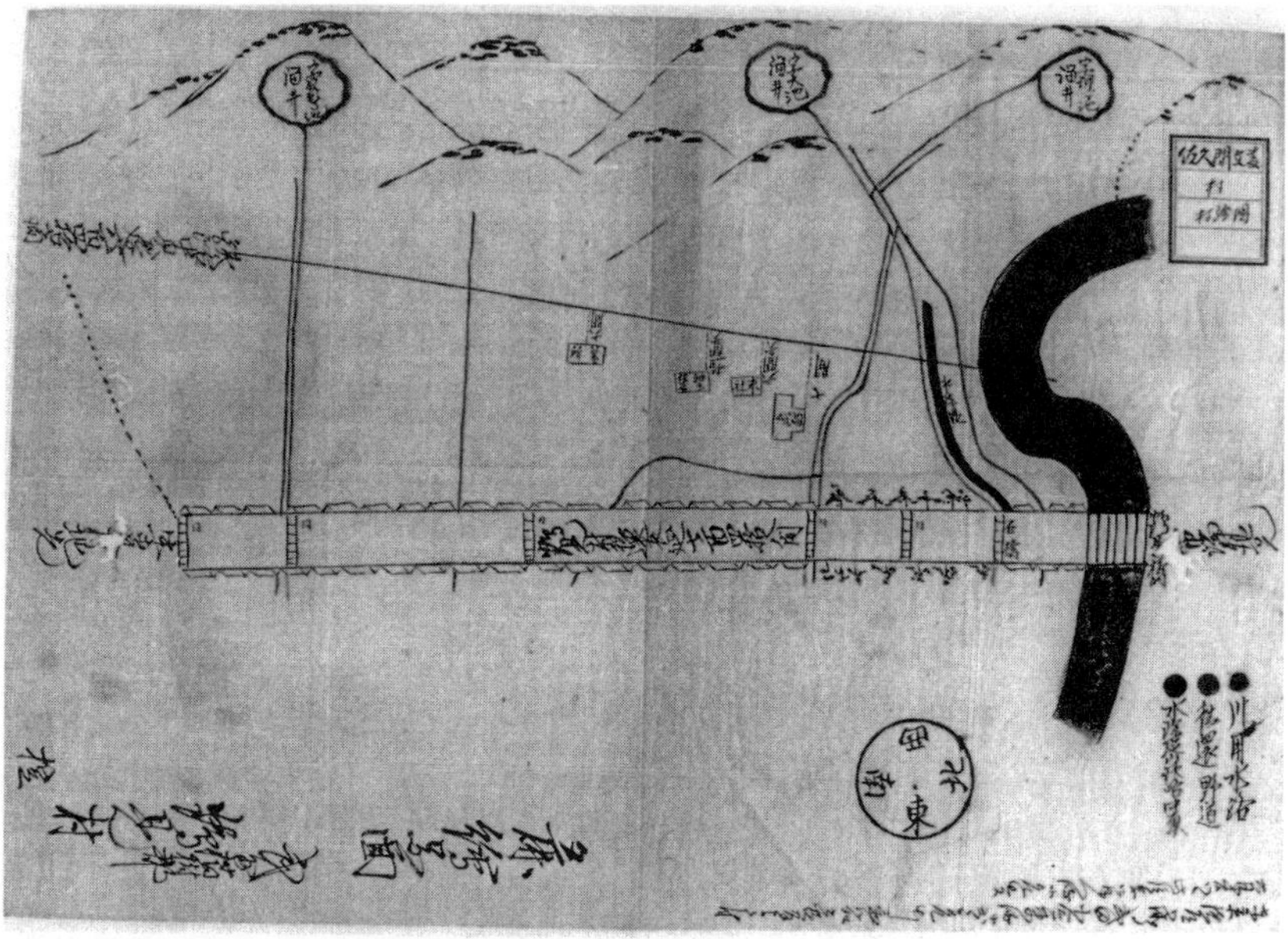

出所：佐久間亮一家文書（横浜開港資料館蔵）。

で描き、鉄道が水路や道と交わる地点が一目で分かるようになっている。おそらく、鉄道工事に際しては、水路や道の部分に踏切や橋脚などが設置されたと考えられる。また、鶴見村は農村であったため、村内には細い農業用水が多数走っていたため、こうした絵図を詳細に作成する必要があったと考えられる。

一方、こうした絵図が作成されるのと同時に、水路や道が鉄道と交差する地点を書上げた台帳が神奈川県に提出され、佐久間家には台帳の控えが残されることになった。この台帳には、交差地点の所在地が小字ごとに書上げられ、水路や道の幅が細かく記載された。こうした絵図や書類は、鉄道工事が地域住民と密接な関係を持ちながら進められたことを教えてくれる。

四　架橋工事と村の住民

次に鉄道工事が開始されてからの状況を眺めてみよう。佐久間家の資料には、鉄道工事に地域の住民が参加したことを伝える古記録が残されている。たとえば、一八七一年六月一四日（明治四年四月二七日）、鶴見村の村役人は工部省（鉄道建設を担当した政府の役所）に対し、工事に従事する労働者を村民の中から雇って欲しいと願い出ているが、この時、作成された願書の控がある。

願書によれば、工事は東京や横浜の土木業者が実施し、現場で働く労働者は業者が各自の判断で雇用していた。しかし、鶴見村では工事開始直後から政府に出願し、優先して村民が工事に参加できるようになったというのである。また、願書は、こうした体制を工事が続くかぎり維持することを求め、急に工事から外されると生活に困窮する村民が出ると述べている。

ちなみに鶴見村の村民が従事したのは鶴見川に橋を架ける工事であり、こうした工事に従事することによって農民たちが日銭を稼ぐことができるようになったことが分かる。残念ながら労賃などについて記した資料は残っていないが、工事から得られる賃金は村民にとって魅力的なものであったようである。

このように、鶴見川への架橋工事は地域住民の暮らしを大きく変えたが、その一方で、橋を架けることで鶴見川が氾濫する可能性が生じたことを伝える古記録もある。この記録は一八七〇年冬に作成されたもので、鶴見川流域五八カ村が共同して神奈川県に提出した嘆願書である。

記録によれば、架橋計画を知った農民たちは、橋台や橋脚によって川の流れが悪くなり氾濫が発生することを恐れたようである。そのため、流域の村々は川幅を広くしてから橋を架けることを要求している。関係資料には、川幅の拡張工事が実施されない場合には雨の度に川が海のようになるだろうと記されている。

この時の歎願は政府に聞き届けられ、鶴見川は三〇メートルほど広げられたが、地元に残された資料は、国の諸機関に残された資料や新聞などからは知ることができないような事実を具体的に教えてくれる。

五　堤真和家が所蔵する資料

最後に、横浜市磯子区の堤真和家が所蔵する資料を紹介しよう。同家は一八七三（明治六）年に日本で最初に

図８－２　堤家が海運会社に納入した石鹸に関する文書

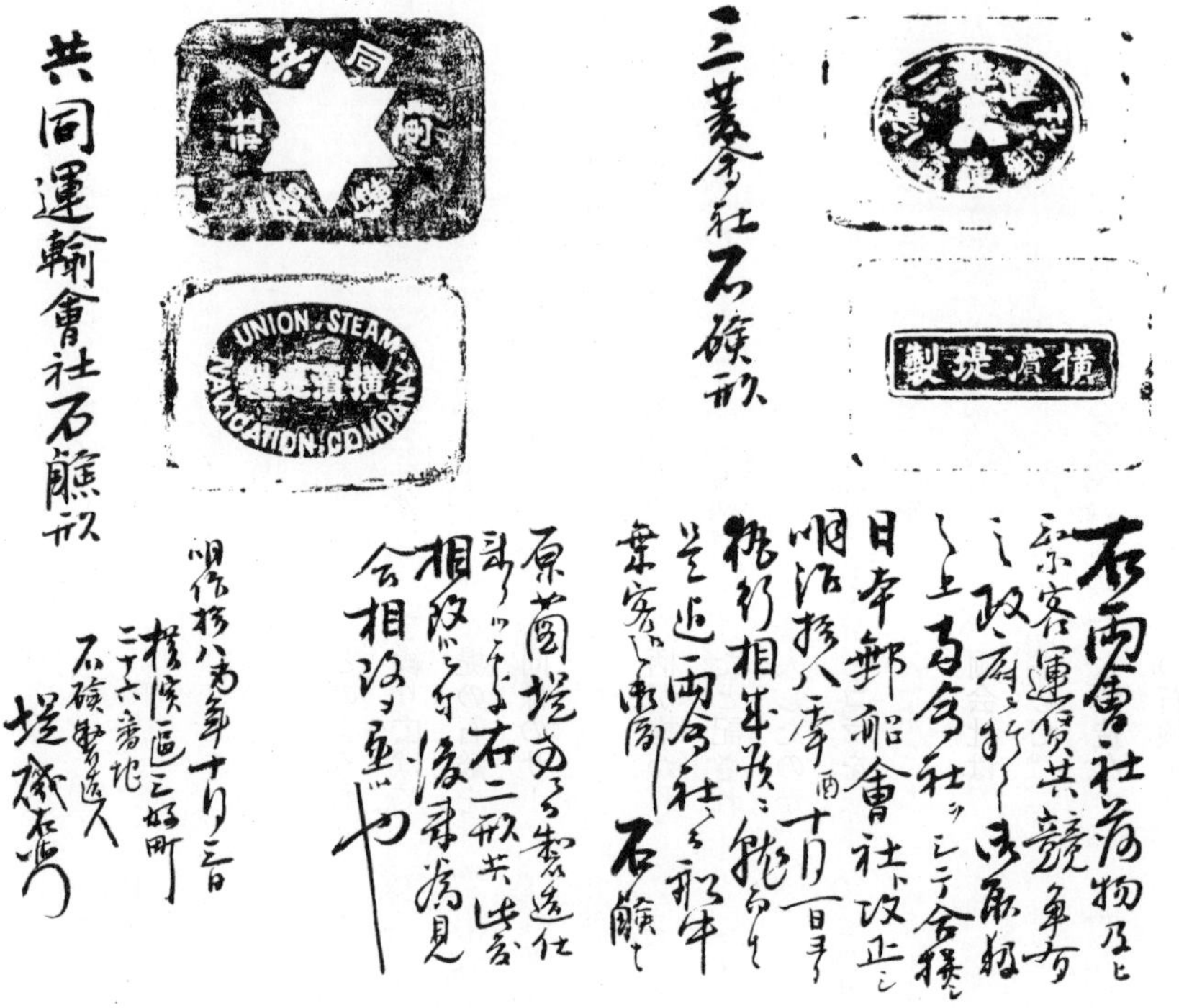

出所：堤真和家文書（横浜開港資料館保管）。

石鹸製造に成功した家であり、この家には石鹸製造にかかわる資料が多数残されている。また、石鹸原料などを鉄道に積み込んで運搬した際に作成された資料もある。なかでも、明治一〇年代に作成された「荷送り状」（荷物を送付した際に運送業者が発行した証書）が多数残され、「荷送り状」から石鹸や原料が運搬された様子を具体的に知ることができる。(1)

さらに、堤家には多数の帳簿も残されており、これらの帳簿からも石鹸や原料の運搬状況を知ることができる。たとえば、一八七三年に作成された帳簿には、石鹸の原料であるソーダを東京から鉄道で運んだ際の運賃が記入されているが、こうした記述から横浜で産声をあげたばかりの石鹸工業が鉄道によって支えられていた事実がうかがわれる。

また、同家資料の中には日本を代表す

る海運会社であった三菱と共同運輸が激しい顧客獲得競争をしていたことを伝える興味深い資料もある。図8-2は、堤家が一八八五（明治一八）年に作成した書類で、同家が三菱と共同運輸に石鹸を納入していたことを記したものである。

当時、両社は、運賃の値下げはもとより、どのようなサービスを顧客に提供できるかという競争を繰り広げていた。そうした状況下で、どちらかの会社が堤の石鹸を乗客に配り始め、もう一方の会社も対抗上、同様のサービスを始めたと考えられる。

資料には、それぞれの会社ごとに石鹸の図柄が描かれ、表には会社名、裏には「堤製」と刻まれていたと記されている。両会社が、どれほどの量の石鹸を購入したのかは記していないが、海運業の歴史の興味深い一コマを伝える珍しい資料であろう。

ちなみに、この資料が作成された直後に、両会社は、競争の激化を憂える政府の仲立ちによって合併した。これにより、堤家が両会社に納入していた石鹸も製造を中止されたが、両会社の合併は生まれたばかりの石鹸工業にもさまざまな影響を及ぼしたのである。いずれにしても、地域の旧家に残された資料を読み込むことによって、交通や運輸の歴史はより興味深いものになりそうである。

第二節　さまざまな規則を読んで

一　残された規則について

交通手段や制度が近代化していく過程で、手段や制度を円滑に運用するためにさまざまな規則が制定された。規則には政府や県が制定したものもあれば、民間の団体が作成し、政府や県が認可したものもあったが、これらの規則からは、交通手段や制度が近代化していく様子を具体的に知ることができる。そこで、ここではいくつかの規則を紹介し、さまざまな規則から見た近代日本の交通・運輸の歴史を考えてみたい。

ちなみに、政府や県が制定した規則や認可した規則は、政府や県が発行した布達や布告に掲載された。また、政府や県の役人が記した公文書の中に、さまざまな規則を見出すこともある。こうした資料は、現在、国の歴史資料保存機関、都道府県や市町村の文書館や資料館に保存されていることがあり、直接、閲覧できる場合もある。

また、本書の各章で紹介した規則の中には、こうした機関や施設で保存されているものも多い。さらに、規則の中には、すでに史料集に編纂され活字で利用できるものもある。史料集には郵政省や運輸省などの国の機関が編纂したもの、民間の出版社が発行したもの、都道府県や市町村の自治体が編纂したものなど、さまざまであるが、こうした史料集を丹念に調べれば、かなりの数の規則をリストアップすることができる。

以下、本節で紹介する規則は、神奈川県が制定あるいは認可したものが中心であるが、こうした規則を読みながら、交通や運輸が近代化していく様子を眺めていくことにしたい。

二　陸運会社規則から

第4章第三節で、一八七二年に江戸時代以来の宿駅制度と「助郷制度」が廃止され、新たに街道での荷物運送を担う陸運会社が設立されたことを紹介したが、この時、陸運会社に関する規則が制定された。陸運会社は各地に設置され、規則もそれぞれの陸運会社ごとに制定されたが、ここでは同年に横浜に設立された陸運会社の規則を紹介したい。

この規則は、横浜陸運会社の運営にあたった九人の民間人によって作成され、神奈川県の認可を受けて制定された。また、神奈川県は一八七二年五月三一日（明治五年四月二五日）に、この規則を添えて政府に対し横浜陸運会社の営業開始についての「伺い」を提出した。この結果、政府も横浜陸運会社の営業を認め、規則に基づいて横浜陸運会社は活動を始めた。

規則は全部で一七カ条から成り、陸運会社の活動内容が詳細に定められた。陸運会社の活動についてはすでに紹介したが（第4章第三節）、規則を読んでいると、明治初年の横浜での物資輸送の実態を具体的に知ることができる。たとえば、一〇条では、荷物運搬に従事する労働者の衣類について定め、陸運会社の目印の付いた半纏を着ることが決められている。また、この箇条では裸で荷物運搬に従事しないことも決められた。

次に、一一条では依頼主に「酒代」を要求しないこと、一五条では陸運会社の労働者は市中の辻々に立って客引きをしないことが定められた。こうした行為は、江戸時代には東海道などで広く見られたが、明治時代を迎え制度の近代化にともない禁止された。

さらに、規則では陸運会社の営業所の設置場所、荷物運搬の料金、横浜陸運会社が荷物を運搬する範囲などについても具体的に定められた。陸運会社の実態については、関係資料が少ないため不明な点も多いが、少なくとも規則から陸運会社のもとで働く人々の様子をイメージできそうである。

三　横浜で働く人々と規則

次に、外国船乗組稼人口入営業取締規則と呼ばれた規則を紹介しよう。この規則は、一八八五（明治一八）年二月二四日に神奈川県によって制定された。横浜港は一八五九（安政六）年の開港後、急速に国際港都として発展したが、それにともない港でおこなわれる旅客や貨物の輸送を担う業者も急増した。また、そうした業者の活動を規定するさまざまな規則が制定された。

ここで紹介する規則の標題になった「外国船乗組稼人」というのは、外国船籍の船に乗って働く人々のことで、この規則は、そうした人々に仕事を斡旋した業者の活動について定めたものであった。規則は全部で一〇カ条から成り、「口入営業者」（仕事の斡旋業者）の資格などが詳細に決められた。

規則では「口入営業者」の定員が五名と定められ、営業を開始するには二名以上の保証人を必要とすること、県庁へ営業開始を届け出ることが決められた。また、「口入営業者」と保証人は横浜市街地に三〇〇円以上の不動産を所有する必要があると定め、資格取得には厳しい条件が付された。

一方、営業開始後は、店頭に日本語と英文で経営者と住所を記した看板を掲示すること、「外国船乗組稼人」に仕事を斡旋した場合には日本語と英文で契約書を作成すること、契約に際して船主と「外国船乗組稼人」が会う時には通訳を用意することなども具体的に定められた。

また、その際、事前に県庁に届け出た一定の割合の手数料を「口入営業者」が船主と「外国船乗組稼人」から徴収することも記されている。

こうした規則を読んでいると、交通や運輸の発展にともない、多種多様な商売が生み出されていたことがよく分かる。もちろん、そのすべてを紹介することはできないが、次に、そうした業者のひとつである「旅人宿」に関する規則を紹介してみたい。「旅人宿」とは旅人に宿舎を提供した業者のことで、船宿・商人宿・木賃宿・温泉宿などがこれにあたる。

神奈川県には港町・観光地・商業都市などが多くあったため、こうした場所には多数の「旅人宿」が存在した。また、「旅人宿」はさまざまな犯罪の発生場所になることもあり、県では犯罪の発生を未然に防ぐため、「旅人宿」に関する規則を制定した。規則は、明治初年以来、何回かの改正が加えられたが、現在、一八七八（明治一一）年に改正された規則が残されている。

この規則によれば、各地の「旅人宿」では地域ごとに組合を結成し、規則遵守の取り締まりにあたることが定められた。また、組合員は宿泊簿を作成し、宿泊者の住所と氏名を確認する義務を負った。さらに、宿泊者に病人が出た際には警察に届け出た後、保護を加えること、宿舎で盗難が発生した際には警察に届け出ること、宿舎での売春行為を禁止することなどが記載された。

以上、二つの規則を紹介したが、交通・運輸手段の近代化にともない、こうした制度面での整備も急速に進められたと考えられる。ここで、紹介した規則はわずか二つだけであり、きわめて断片的なものではあるが、こうした規則を丹念に調べることによって、近代の交通や運輸の歴史は一層詳しいものになると思われる。

四　道路の維持に関する規則

江戸時代、主要街道などでは将軍・大名などが通行する際に街道の掃除や整備がおこなわれた。こうした業務は街道沿いの村が幕府の命令で負担し、幕府の厳しい監視のもとで道路の維持がおこなわれた。また、宿場や港町においても、市街地に居住する住民が、道路の掃除や整備を義務づけられていた。こうした慣習は、近代になると規則として制定され、道路の掃除や整備に関する多くの規則が作られた。

たとえば、横浜市街地の道路については、一八七二（明治五）年以降、いくつかの規則が制定された。最初に作られた規則は同年七月一九日（明治五年六月一四日）に制定された「道路掃除規則」である。この規則は、道路を清潔に保つために作られ、塵芥については住民が処理するほか、特定の「掃除方」と呼ばれる業者が塵芥を処理することになった。

また、集めた塵芥は道路の裏手に設置された四斗樽に捨てられ、日を決めて「掃除方」が中の塵芥を集めることになった。また、果物屋が果物の皮を道路に捨てることが多かったようで、四条では果物屋が皮を捨てることが厳禁された。さらに、各家に対しては、家の前の道路を掃除することが義務づけられ、空き家の場合は両隣の家が掃除をおこなうことになった。

これに加えて、馬から荷物を下ろした後の掃除のやり方、鼠の死骸の処理方法なども具体的に定められた。こうした規則は、その後もたびたび改定され、市街地では規則に基づき道路の管理がおこなわれた。

一方、横浜市街地での道路の利用方法については、一八七四（明治七）年一二月五日に制定された「道路規則」が具体的に定めている。この規則は一八条から成り、さまざまな人が道路を支障なく利用できることを目的にした。一条では、荒物屋や乾物屋などが、道路まで商品を並べることが禁止され、二条では染物屋や提灯屋が道路の上に商品を下げることが禁止された。

また、三条では、すべての商店が店先に馬や荷車を置いて荷物の積み下ろしをすることが禁止され、六条では道路際にある井戸で洗濯をすること、人力車などを洗うことが禁止された。さらに、一一条では屋台を道に設置することが停止された。これに加えて、子供が路上でコマ回しをすること、糞尿を運搬する時に道の中央を歩くことなどについても禁止された。こうした細かい規定も開港後の交通・運輸の活性化にともない制定されたといえそうである。

五　近代的な交通・運輸手段に関する規則

最後に、近代的な交通手段や運輸手段が実用化されるのにともない制定された規則を概観してみよう。この内、数がもっとも多いのは鉄道に関する規則であり、さまざまな史料集に多種多様な規則が収録されている。たとえば、『神奈川県史料　一巻』（神奈川県立図書館、一九六五年）には、一八七二年一一月二六日（明治五年一〇月二六日）に神奈川県が布告した鉄道に関する規則が収録されている。

この規則によれば、鉄道沿線に住む子供たちが線路内に立ち入ることが多かったようで、規則は線路の上に小石を載せて遊ぶことを堅く禁じている。また、各村の村役人に対し各戸ごとに注意書きを廻し、父兄から子供に注意を与えることを求めている。さらに、そうした危険な遊びをする子供が見つかった際には当人だけでなく村役人や父兄まで処罰の対象になると定めている。こうした規則を読んでいると、近代的な交通手段の出現も、たちまちの内に遊びの対象にしてしまう子供たちの姿を目の当たりにするかのようで興味深い。

一方、鉄道とならんで近代になって盛んに利用された人力車についても、多くの規則が制定された。たとえば、『神奈川県史料　一巻』には一八八四（明治一五）年に制定された「人力車並挽夫営業取締規則」が収録され、市街地で人力車がどのように運行されていたのかを具体的に知ることができる。

この規則は全部で二一カ条から成り、人力車を使って旅客輸送をしようとする業者の資格、営業にあたっての禁止事項などが定められた。まず、資格については警察に営業開始を届け出ることが定められた。また、営業者は警察分署ごとに組合を設けること、規則を組合員に遵守させるために組合ごとに取締を任務とする「行事」を置くことが決められた。

さらに、営業者は所有する人力車に所有者の住所・氏名・車の番号を記した木札を付けることが義務づけられた。一方、市街地を運行する際の取り決めについても具体的に定められ、人力車組合で人力車の待合所を選定し、その場所を警察に届け出ること、定員以上の乗客を乗せないことなどが規定された。

これに加えて、営業にあたっての禁止事項として、乗車拒否や雑踏でスピードを出すことが禁じられた。また、馬車などと行き違う時は左側を通行することや坂道では上りを優先することなども定められた。こうした規則の中には現在の交通ルールに引き継がれたものもあり、規則を読むことによって制度の近代化を垣間見ることができる。

第三節　明治時代の旅日記を読む

一　旅日記の伝統

江戸時代の交通に関する研究書を読んでいると、旅日記を題材に宿場の様子や交通手段などを紹介した記述を目にすることが多い。これは、街道が整備されるのにともない多くの人々が旅行するようになり、特に、江戸時代中期以降、伊勢参宮や金比羅参りに出向いた人々が盛んに旅日記を残すようになったからである。

人々が旅日記を残した理由は人によってさまざまであり、一口に答えることはできない。しかし、文字を書くことができる人々が急増し、多種多様な記録が作成されるようになったことと軌を一にして旅日記も増加していったと考えられる。

旅日記の中には毎日の金銭出納を記しただけのものもあれば、訪れた名所旧跡や宿泊地の感想を克明に記したものまでさまざまである。しかし、こうした旅日記が江戸時代の交通を知るための一級資料であることは間違いない。われわれは、旅日記を読むことによって、現在ではなくなってしまった江戸時代の情景に触れることができ、当時の人々がどのように旅をしたのかを知ることができる。

ところで、江戸時代の旅日記は、さまざまな形で活用されることが多いが、明治時代の旅日記については、それほど利用されたことはないように感じられる。しかし、旅日記そのものは明治時代になっても作られ続けたのであり、こうした日記から交通手段の近代化について判明することもある。また、当時の人々が新しい交通手段を利用して、どのような旅をしたのかを知ることは、交通史を学ぶ上でも大切なことであろう。そこで、ここでは、明治初年に新しい交通手段を利用して各地を旅行した二人の人物が残した旅日記（この日記は、横浜開港資料館が原本や複製を保管している）を本節と次節で紹介したい。

二　堤磯右衛門の旅日記

最初に横浜市磯子区の旧家堤家の当主磯右衛門が、一八八〇（明治一三）年に記した旅日記を紹介しよう。この家は、前節で明らかにしたように日本で最初に石鹸製造に成功した家であり、当時、旅日記の著者磯右衛門は各地から石鹸原料を集荷していた。この日記は、磯右衛門が観光を兼ねて原料買い集めのために、神戸・京都・大阪を旅行した際に作成されたもので、横浜を出てからの行程が詳細に記されている。

日記は、江戸時代の旅日記と同様に和紙に筆で記され、彼が訪れた場所も江戸時代以来の伝統的な名所旧跡が多い。しかし、この日記は明治初年の旅の様子を教えてくれる貴重な記録であり、特に、新しい交通手段を一般の人々がどのように迎えたのかについて具体的に記している。以下、やや煩雑ではあるが、いくつかの箇所を原文のまま紹介しながら、磯右衛門の旅を眺めていくことにしよう。

磯右衛門が横浜を出立したのは、一八八〇年六月九日で、この日、彼は横浜市街地に店を構える貿易商植野屋の仲介で神戸までの蒸気船の切符を購入した。蒸気船は三菱汽船会社の持ち船東京丸で、この船は横浜と上海を結ぶ航路に就航していた。また、この船は、途中、神戸・下関・長崎に寄港したから、磯右衛門は東京丸を利用して神戸に行くことにした。

出航は午後六時二〇分であり、横浜の貿易商に依頼すれば、当日でも切符が入手できたようである。また、乗船直後に「夜食」を取り、同室となった人々と「諸国乗合の物語を聞く」とお国自慢を語り合った。翌朝は、午前五時に起床し、甲板から静岡県御前崎の灯台の明かりを眺めている。

神戸到着は、この日の午後一一時であり、二八時間四〇分の乗船時間であった。蒸気船が利用できなかった江戸時代には徒歩で最低でも一五日前後の日数を要したから、蒸気船の就航は人々の生活空間を一気に広げたことになる。また、磯右衛門は、神戸到着後も近代的な交通手段を利用し、神戸・大阪・京都で商用と観光を精力的におこなっていった。

三　さまざまなサービスを利用して

神戸に到着した日の日記は、「夜食」を取り、郵便を出したとの記載で始まっている。神戸の波止場近くには蒸気船の乗客のための宿泊所があり、彼は宿泊所に入ったが、こうした施設では食事や手紙の発送などのサービスをおこなった。また、持参した荷物は次の目的地である大阪へ発送したとあり、宿泊所ではこうしたサービスもおこなったようである。

日記を読んでいると、さまざまな施設が整備されたことによって、旅が手軽なものに変わりつつあったことをうかがうことができる。また、宿泊所では神戸観光の斡旋もおこない、磯右衛門は宿泊所を通じて一台の人力車を一日借り切っている。人力車は、朝から午後七時まで神戸各地を案内し、料金は八五銭であった。

彼の日記には、人力車に乗って神戸観光を楽しむ姿が詳細に記されている。たとえば、源平の合戦がおこなわれたことで有名な生田（神戸市中央区）周辺の様子は、「布引の瀧に車を急がせ、生田の森、生田神社の鳥居の前を通る。古木ありて古は梶原源太えびらの梅の高名もこの所なりと思い出して四方絶景の地なり。（中略）須磨寺の前に古木の松あり。敦盛首実験の時、義経腰掛松あり。敦盛の首塚という同寺にあり。（中略）一の谷の景色、四国を見渡し、山そびえて諸木しんしんとして景地なり。魚を乞いければ鯛の洗いできるという。丼の中、水七八分程入れて、その中に浸して出せり。醤油の悪しくこと、塩と水のごとく、少しも味なし」と記されている。

彼が見物した場所は、すべて江戸時代以来の観光地であったが、明治時代になって人力車に乗ったままで名所旧跡をめぐる観光コースが新たに作られたことになる。また、磯右衛門は、関西の醤油の味が悪いと指摘しているが、交通手段の近代化は、こうした地域文化の差異をより多くの人々に手軽に感じさせることになった。

四　磯右衛門の日記が語るもの

神戸の観光を終えた磯右衛門は、その後、大阪や京都まで足を伸ばした。また、大阪や京都においても、彼は精力的に各地を見物したが、ここでも、人力車・馬車・鉄道を利用することによって、短時間に多くの場所を回っている。

たとえば、六月一四日に、彼は大阪を観光したが、この時は馬車や人力車を仕立てて、大阪城（大阪市東区）から天満（北区）、さらには住吉（住之江区）から堺（堺市）まで回っている。また、六月一八日には、午後一時三五分に梅田駅から汽車に乗り京都に向かい、この日の内に松尾大社（京都市西京区）から渡月橋（右京区）を経て、嵐山（西京区）の宿に到っている。

磯右衛門の関西旅行は約一〇日間であったが、この間の移動距離は一〇〇〇キロメートルを超えている。先に、近代的な交通手段の出現が人々の生活空間を拡大させたと述べたが、磯右衛門の日記を読んでいると、そうした様子を実感できる。

また、近代的な交通手段は、商業活動のあり方も大きく変えた。たとえば、磯右衛門は、この時の旅行で、二〇〇キログラム以上の油を石鹸原料として購入する契約を大阪や京都で結んだが、そうした商行為が可能になった背景には近代的な交通手段の整備があった。したがって、この日記は、石鹸工業という近代的な産業を支えるインフラストラクチュアの整備が着々と進む様子を現在に伝えているともいえる。

第四節　田島弥平の日記から

一　蚕種貿易と弥平の旅

最後に、上野国佐位郡島村（群馬県佐波郡境町）の住民であった田島弥平が、一八七一（明治四）年に郷里の村から横浜に出向いた時に作られた旅日記を紹介しよう。この日記は、蚕種（蚕の卵）を外国商人に販売するために横浜を訪れた商人が記したものであり、蚕種をはじめとする貿易品が横浜へどのように運ばれたのかについて教えてくれる。また、弥平も磯右衛門と同様、さまざまな近代的な交通手段を利用しており、日記は明治初年の群馬と横浜を結ぶ交通の様子を具体的に示してくれる。

ちなみに、蚕種輸出についてはすでに第4章第一節で簡単に触れたが、この商品は一八七〇年代初頭まで横浜から大量に輸出された商品であった。当時、ヨーロッパでは蚕の病気が蔓延しており、この事態を打開するために日本から病気にかかっていない蚕の卵が大量に輸出された。また、現在の群馬県は日本を代表する養蚕地帯であり、この地域に住む蚕種商人は大量の蚕種を持って横浜へやって来た。田島弥平はそうした商人のひとりであった。

弥平が、仲間とともに郷里の村を出立したのは、一八七一年八月三〇日（明治四年七月一五日）のことで、日記の記述も三〇日から始まっている。日記によれば、弥平は利根川に面した河岸から船に乗り横浜に向かったが、これは郷里の村が利根川の中洲にあったためで、利根川を利用するのがもっとも簡便であったためであった。また、利根川を下った弥平は東京を経由して横浜へ向かったが、ここでは利根川を下る場面から日記の紹介を始めたい。

二　利根川を下って

利根川は群馬県と東京を結ぶ一大交通路であった。江戸時代には三〇〇俵積程度の川船が自由に航行したと伝えられ、この川に沿って多くの河岸が作られた。また、弥平の郷里島村にも河岸があり、島村ではさまざまな物資が集散した。このような機能は明治時代にも引き継がれ、第5章第四節で紹介したように、この川を利用して大量の生糸や蚕種が運ばれることになった。

弥平が乗った船が、どの程度の大きさだったのかについて日記は記していない。しかし、弥平一行だけでも一八名を数えたから、かなり大きな船だったようである。また、東京までの所用日数は三日であり、途中、栗橋（埼玉県北葛飾郡栗橋町）と流山（千葉県流山市）で宿泊している。

また、弥平の行程は、第5章第四節で紹介した「絹の道」と同じものであり、現在の千葉県関宿町で利根川から江戸川に入っている。したがって、この日記からも利根川や江戸川が生糸や蚕種の輸送に広く利用されていたことを確認することができる。東京での上陸地点については「東京着船」と記すだけであり、具体的な記述はない。しかし、江戸川から新川を経由して小名木川に入り、最終的に隅田川河口の河岸に上陸したと考えられる。また、島村と東京間の運賃は蚕種の輸送費を含めて一八人分で一五両二朱であった。

三　蚕種価格が暴落する中で

こうして東京に到着した弥平一行は九月三日に人力車に乗り込み、一路東海道を横浜に向かった。しかし、彼らを待っていたのは蚕種価格の大暴落であった。価格の暴落は、前年にヨーロッパで勃発した普仏戦争によって引き起こされた。蚕種の一大消費地はフランスであったが、戦争の開始によってフランス商人が蚕種を買い控えるようになっていた。このため、横浜では大量の蚕種が売れ残り、蚕種価格は急落した。また、翌年になっても蚕種価格は上昇しなかった。

日記には、横浜に入荷した蚕種が一〇〇万枚あり、そのほとんどが売れていないと記されている。このため、弥平は外国商人との取引を仲介してくれる日本人貿易商と連日のように会合を開き、打開策を検討している。しかし、会合では良案は出ず、弥平は大量の売れ残りを抱えてしまった。

そうした状況下で、横浜に滞在した蚕種商人と日本人貿易商は人為的に入荷した蚕種を削減し、価格を上昇させることを決定した(2)。この計画が検討され始めたのは八月上旬のことで、蚕種商人や貿易商は蚕種約五〇万枚を削減しようとしていた。計画によれば蚕種を預かった貿易商が各蚕種商人の所有する蚕種の三分の一を国内向けに振り向けることになっていた。

しかし、国内においても蚕種は売れ残っており、国内向けの蚕種が売れる見込みはなかった。また、蚕種は生き物であり、保存できる商品ではなかったため、国内向けにすることは廃棄を意味していた。そのため、蚕種削減計画は横浜において大きな議論を巻き起こすことになった。弥平が横浜を訪れたのは削減計画の是非をめぐる議論が沸騰している時期であり、大量の蚕種を持参した弥平も、たちまちの内に議論に巻き込まれた。

特に、弥平は削減計画に反対する勢力の急先鋒であり、横浜到着直後から削減計画の撤廃を求め東奔西走することになった。弥平が計画に反対した理由は、削減計画が自由貿易の原則に反するというものであった。また、良質の蚕種ならば少量ずつでも売ることができるという自信もあったといわれている。ともあれ、こうした状況下で弥平は近代的な交通手段を利用しながら各地を奔走することになった。

四　蒸気船や人力車を利用して

削減計画への反対運動を起こすにあたって、弥平が最初に相談したのは大蔵省に勤める渋沢栄一であった。渋沢は、当時、大蔵大丞という大蔵省の要職にあり、貿易政策の決定に大きな影響力を持っていた。また、渋沢の郷里であった血洗島村（埼玉県深谷市）は、弥平が住んでいた島村の近くにあり、二人は若い時から親しく交際していた。そのため、弥平は渋沢に協力を求めることになった。

大蔵省の庁舎は、皇居内から神田橋（千代田区）の旧姫路藩邸に移転したばかりであり、弥平と渋沢の会見も神田橋でおこなわれた。最初の会談は、九月二七日で、この日の日記には「早朝、渋沢大蔵大丞公を訪ねる。外国事情を談話数刻、種三ケ一の事件不承知の事を語る」と記されている。

また、翌日、弥平は横浜に戻ったが、この時、初めて蒸気船を利用した。乗船したのは第3章第一節で紹介した弘明丸で、日記には「弘明丸広大なること実に驚嘆す」と記されている。日記には蒸気船を利用した理由は記されていないが、横浜での事件の推移が気になり、時間の短縮ができる船に乗ったと考えられる。また、弥平は、一六日に再び上京、関係者と会談しているが、この時も弘明丸に乗船した。

一方、弘明丸などの蒸気船が出航してしまった後、急遽東京に赴く時には人力車が利用された。二〇日の日記によれば、この日の夕方に、弥平は上京したが、この時、旧神奈川宿から人力車を雇っている。また、この人力車は旧川崎宿までで、「六郷の渡し」で多摩川を越え、そこから再び人力車に乗っている。いずれにしても、こうした近代的な交通手段を利用することによって、弥平は東京と横浜を奔走することができたといえよう。

五　交通手段の近代化と人びとの暮らし

弥平が東京と横浜を頻繁に往復したのは、政府の要人である渋沢が東京にいたからにほかならない。日本における交通手段の近代化は京浜間において最初におこなわれたが、弥平の日記を読んでいると、便利な交通手段の出現を期待する人々の存在が京浜間の交通手段の近代化を推し進めたことがよく分かる。

首都と外港は密接に結びつく必要があり、二つの都市は多種多様な交通手段で結ばれる必要があった。そのため、京浜間ではすでに紹介したような多くの交通手段が短期間に実用化された。ちなみに、鉄道の開通が交通手段の近代化の到達点であるとするならば、横浜が開港した一八五九年から鉄道が開通した一八七二年までの約一三年間で、この地域の交通手段は一気に近代化したことになる。

こうして、わずか十数年間で、江戸時代は遠い過去になり、人々は便利な世の中の到来を謳歌するようになった。これにともない、情報は瞬時に遠方に届くようになり、確かな情報を入手できるかどうかが、豊かな暮らしの実現にも大きな影響を与えるようになった。こうした状況は、その後も続き、日本は、近代を通じて交通・流通・情報に関するインフラストラクチュアの整備を推し進めた。

そして現在、日本は世界でも有数のインフラストラクチュアが整備された国に成長した。しかし、その間に都市化や工業化が急激に進展し、自然破壊や公害が大きな社会問題になってきた。そうした現状にあって、インフラストラクチュアが整備され始めた一九世紀末の歴史を再度見直すことも意義のあることであろう。特に、都市化や工業化を日本で最初に経験した東京と横浜の歴史から学ぶことも多いといえるのかもしれない。そのように考えながら、ここで紹介したさまざまな資料を眺めていただければ幸いである。

第五節　交通史関係資料を探して

一　さまざまな歴史資料保存機関

前節では多くの交通史関係資料を紹介したが、こうした資料の大部分は、博物館・図書館・文書館・資料館といった歴史資料保存機関と呼ばれる施設に収蔵されていることが多い。歴史を学ぶということは、残された歴史資料を探し、その歴史資料を詳細に調査・分析し、自分なりの歴史像を作り上げていくことである。もちろん、その過程で研究書や概説書を読むことも必要であるが、最終的には原資料を読んだり眺めたりする作業の中から新しい歴史事実や歴史理論が生み出されていく。

現在では歴史資料の多くが歴史資料保存施設と呼ばれる機関に所蔵されているため、個人の所蔵者や民間企業、国や地方自治体の倉庫から資料を調査することは少なくなったが、それでも、あるテーマにしたがって歴史を考えるためには、どのような資料がどのような施設に所蔵されているのかを知る必要がある。また、資料は必ずしも活字化されていないので、資料を活用するためにはナマの歴史資料を扱うことができる技術を要求される。

しかし、そうした作業を繰り返すことによって、歴史学は大変面白く、深みのある学問になっていく。一般の人々が歴史資料保存施設を訪れることは大変少ない。日本史を学ぶ学生であっても、一年間に数回、博物館の展示などを見学すれば多いほうではないだろうか。しかし、歴史資料保存施設の中には、手続きをすれば、資料を閲覧室などで利用できるところもあり、本誌で分析に利用した資料の多くは、そうした歴史資料保存施設が所蔵するものであった。

たとえば、前章や前節で紹介した資料の大部分は、一般の人が横浜開港資料館（横浜市中区）の閲覧室で手にとって利用できる。また、東京（江戸）と横浜の交通の近代化について記した資料を多く所蔵する東京都公文書館（東京都港区）でも、原資料を閲覧することができる。さらに、神奈川県立公文書館（横浜市旭区）でも、多くの交通史関係資料が公開されている。また、一般に資料を公開しない博物館でも、教育長などの許可を得れば、資料が利用できることがある。

二　戦後の歴史資料保存運動が展開する中で

このように、現在では、さまざまな歴史資料がだれでも利用できるような施設が増加したが、このような施設が整備されたのは戦後のことであった。戦後の歴史資料保存運動は、眼前で頻発する資料の散逸を救済することから始められた。戦後の日本は著しい物資不足にみまわれ、紙資源の不足から多くの歴史資料がさまざまに利用された。現在でも、旧家の襖の下張りから幕末から明治時代の古文書が発見されることは珍しいことではないが、戦後数年で大量の歴史資料が失われたことは間違いない。

また、都市部では空襲によって多くの歴史資料が焼失したほか、国や地方自治体では占領軍の追及を恐れた官僚によって、多くの資料が廃棄された。さらに、戦後の土地制度の改革により、地主たちが没落し、旧家に残っていた資料の廃棄や売却が進んだ。

こうした事態に対し、戦後数年たって農林省・文部省・水産省などが、古記録の調査に着手したが、本格的な調査と資料の保存はおこなわれなかった。しかし、高度成長が始まり、経済的なゆとりが生まれるようになった一九五〇年代以降、地方自治体を中心に自治体史を編纂し、歴史資料を後世に伝えていこうとする運動が活発化した。

こうした潮流のなかで、関東では一九六四年に茨城県が、一九六六年には千葉県が、翌年には神奈川県が県史編纂に着手し、その後も栃木県や群馬県でも県史編纂が開始された。さらに、市町村においても多くの自治体で自治体史の編纂が始まり、その過程で多くの歴史資料の所在が確認された。

これに加えて、永続的に歴史資料を保存し、貴重な歴史資料として後世に伝えていくための施設の建設も検討されるようになり、全国的に博物館・文書館・資料館などの建設が相次いだ。こうして、多くの人々が歴史資料を直接手にすることができる体制が整備された。

三　歴史資料保存運動の展開と交通史研究

戦後の自治体史編纂の課程で多くの歴史資料の所在が確認されたが、そうした歴史資料には各地域の「庶民」と呼ばれるような人々の活動を現在に伝えるものが多く含まれていた。また、そうした資料が多数発見されたことによって、戦前までの政治家や著名人を中心に著述する歴史学とは少々違った歴史研究があらわれるようになった。

また、そうした研究動向は交通史の分野にも及び、たんに交通政策や交通制度の変遷を紹介するだけでなく、交通手段の変革や制度の改革が人々の暮らしに具体的にどのような影響を与えたのかを実証的に分析するような研究や、日常消費物資の流通経路を地域に残された資料を活用して実証し、生産から消費の流れを明らかにするような研究があらわれるようになった。

さらに、歴史資料保存施設の急増は、資料を活用し研究する人々の増加を生み、こうした人々が一堂に会する学会や研究会の設立も相次ぐようになった。また、近年では交通史に関する資料集の刊行も続き、交通史を研究する条件はおおいに整備されつつある。しかし、さまざまな研究条件が整備されるのにともない、一口に交通史といっても、テーマが細分化され、ある時代、ある地域の全体像が見えにくい研究も多くなっている。それだからこそ交通史を学ぶ人々には、歴史資料を保存する施設をひとつでも多く訪れ、できるかぎり視野を広げていただきたいと考えている。

【参考文献】

(1)　横浜近世史研究会・横浜開港資料館共編『日記が語る一九世紀の横浜』(山川出版社、一九九八年)。

(2)　井川克彦「明治四年、蚕種三分一削減事件について」(『横浜開港資料館紀要　四号』横浜開港資料館、一九八六年)。

参考文献一覧（各章の末尾に掲げた引用文献は除いた）

第一章

林玲子『江戸問屋仲間の研究』（御茶の水書房、一九六七年）
柚木学『近世海運史の研究』（法政大学出版局、一九七九年）
丹治健蔵『関東河川水運史の研究』（法政大学出版局、一九八四年）
川名登『近世日本水運史の研究』（雄山閣、一九八四年）
柚木学編『江戸・上方間の水上交通史』（「日本水上交通史論集　四巻」文献出版、一九九一年）
石井孝『増訂　明治維新の国際的環境』（吉川弘文館、一九六六年）
加藤祐三『黒船前後の世界』（岩波書店、一九八五年）
土屋喬雄・玉城肇訳『ペルリ提督日本遠征記』（岩波書店、一九四八年〜一九五五年）
坂田精一訳『ハリス日本滞在記』（岩波書店、一九五四年）

第二章

東京百年史編集委員会編『東京百年史　一巻』（東京都、一九七三年）
品川区立品川歴史館『黒船来航と品川台場』（品川区立品川歴史館、一九八七年）
村松貞次郎『日本近代建設技術史』（彰国社、一九七六年）
横須賀海軍工廠『横須賀海軍船廠史』（横須賀海軍工廠、一九一五年）
児玉幸多編『日本交通史』（吉川弘文館、一九九二年）
石井孝編『横浜売込商甲州屋文書』（有隣堂、一九八四年）

第三章

武知京三『明治前期輸送史の基礎的研究』（雄山閣、一九七八年）

野田正穂・原田勝正・青木栄一・老川慶喜編『日本の鉄道』（日本経済評論社、一九八六年）
小風秀雅「日本沿岸航路網の形成」（『日本近現代史Ⅰ』岩波書店、一九九三年）
齋藤俊彦『人力車』（クオリ、一九七九年）
横浜開港資料館編『横浜もののはじめ考』（横浜開港資料館、一九八八年）

第四章

山本弘文『維新期の街道と輸送』（法政大学出版局、一九七二年）
横浜市編『横浜市史　資料編二　日本貿易統計』（横浜市、一九六二年）
日本国有鉄道編『日本国有鉄道百年史　一・二巻』（日本国有鉄道、一九六九年）
神奈川県県史編集室編『神奈川県史　通史編四』（神奈川県、一九八〇年）
山口和雄・石井寛治編『近代日本の商品流通』（東京大学出版会、一九八六年）
高村直助『日本紡績業史序説』（塙書房、一九七一年）

第五章

藤本実也『開港と生糸貿易　中巻』（刀江書院、一九三九年）
前橋市編『前橋市史　三巻』（前橋市、一九七五年）
三井文庫編『三井事業史　本編一巻』（三井文庫、一九八〇年）

第六章

郵政省編『郵政百年史』（逓信協会、一九七一年）
篠原宏『明治の郵便・鉄道馬車』（雄山閣、一九八七年）
藪内吉彦『日本郵便創業史』（雄山閣、一九七五年）
日本電信電話公社関東電気通信局編『関東電信電話百年史』（電気通信協会、一九六八年）

北根豊編『日本初期新聞全集』（ぺりかん社、一九八六年）

第七章

神奈川県立博物館編『集大成横浜浮世絵』（有隣堂、一九七九年）
横浜開港資料館編『開港のひろば　復刻版Ⅰ・Ⅱ』（横浜開港資料館、一九九二年・二〇〇〇年）

第八章

地方史研究協議会編『歴史資料保存機関総覧（増補改訂版）』（山川出版社、一九九〇年）
横浜市編『横浜市史料所在目録　一～一二』（横浜市、一九七九～八六年）

【マ行】

【ヤ行】

【ラ行】

【ワ行】

【ナ行】

【ハ行】

【サ行】

【タ行】

索　引

【ア行】

【カ行】

【著者紹介】

西川武臣（にしかわ・たけおみ）
1955年愛知県生まれ。1979年，明治大学大学院博士前期課程修了。現在，横浜開港資料館調査研究員。博士（史学）。著書に『幕末・明治の国際市場と日本』（雄山閣出版），『江戸内湾の湊と流通』（岩田書院），『神奈川県の歴史』（共著・山川出版社），『開国日本と横浜中華街』（共著，大修館書店）等。

〈近代日本の社会と交通　第１巻〉

横浜開港と交通の近代化——蒸気船・鉄道・馬車をめぐって——

2004年11月25日　第１刷発行　定価（本体2500円＋税）

著　者　西　川　武　臣
発行者　栗　原　哲　也

発行所　株式会社日本経済評論社
〒101-0051　東京都千代田区神田神保町３-２
電話　03-3230-1661　FAX　03-3265-2993
nikkeihy@js7.so-net.ne.jp
URL：http://www.nikkeihyo.co.jp
印刷＊文昇堂・製本＊根本製本
装幀＊渡辺美知子

乱丁本落丁本はお取替えいたします．

Printed in Japan　ISBN4-8188-1712-0

老川慶喜・小風秀雅 監修

近代日本の社会と交通 全15巻

＊第１巻	横浜開港と交通の近代化	西川　武臣（横浜開港資料館）
第２巻	交通政策の展開	小風　秀雅（お茶の水女子大学）
第３巻	明治の経済発展と鉄道	老川　慶喜（立教大学）
第４巻	第一次大戦後の社会と鉄道	渡邉　恵一（鹿児島大学）
第５章	通信と地域社会	藤井　信幸（東洋大学）
第６巻	鉄道経営者の群像	西藤　二郎（京都学園大学）
第７巻	鉄道会社と証券市場	片岡　豊　（白鴎大学）
第８巻	鉄道と石炭鉱業	宮下　弘美（釧路公立大学）
第９巻	植民地の鉄道	高　　成鳳（立教大学・非）
第10巻	鉄道建設と地方政治	松下　孝昭（神戸女子大学）
第11巻	近代都市の発展と水運	岡島　建　（国士舘大学）
第12巻	鉄道車輛鉱業と自動車工業	坂上　茂樹（大阪市立大学）
第13巻	交通と観光	本宮　一男（横浜私立大学）
第14巻	文学と交通	小関　和弘（和光大学）
第15巻	近代日本の社会と交通	老川慶喜・小風秀雅編

〈＊印既刊〉